知的生きかた文庫

図解！「戦後」世界史

「歴史ミステリー」倶楽部

三笠書房

はじめに

北海道から目と鼻の先の島を、ロシアが自国領土だと主張するのはなぜ？　台湾が「国」じゃないって、どういうこと？　沖縄にアメリカ軍の基地がいっぱいあるのはヘン！　なぜ中東は争いが絶えない？　北朝鮮はどうしてああなの？　トランプは何に怒りまくっている？　中国はいつからあんなに偉そうになった⁉……

世界は目まぐるしく動き、日々のニュースを追いかけるだけで精一杯という人も多いことでしょう。でも、ふと立ち止まると、右のような疑問が浮かんでくることはありませんか？「そもそも、イギリスが離脱する『ＥＵ』ってなんだっけ？」と。

この「根」の部分が曖昧だと、世界情勢を正しく把握することは容易ではありません。これらを正しく把握し深く理解するためには、「戦後世界史」の知識が必要になってくるのです。なぜなら、いま世界で起きている出来事は、第二次世界大戦後に「ルーツ」をもつ事象がほとんどだからです。北方領土問題も然《しか》りです。

戦後の世界史は、学校の授業ではないがしろにされがちで、〝不案内〟な人も多いことでしょう。本書は、そんな人のために、徹底図解で理解しやすいつくりにしました。この本が、「いま」を理解し、「未来」を見通す手助けになれば幸いです。

図解!「戦後」世界史……目次

はじめに　3

◆プロローグ　世界を襲った未曽有の大戦は、こうしてはじまり、終わった　14

COLUMN　戦後世界史のキーパーソン①　18

第1章　新たな戦い「冷戦」のはじまり

1945年　**「国際連合」の発足**　22
世界戦争を二度と繰り返さないために、戦勝国主導で設立された国際機関

1944年　**「ブレトン・ウッズ体制」の確立**　24
「金・ドル本位制」による、アメリカを中心とした戦後世界経済の枠組み

1947年　**「GATT」発足**　26
「自由・無差別・多角」の三原則による、新たな貿易秩序の推進

1945年　**敗戦国・日本の民主化**　28
戦争を起こさない国へ!　GHQ(アメリカ)による占領統治の開始

第2章

新国家の誕生と相次ぐ紛争

1947年　新たな世界戦争「冷戦」の開始　32
米ソ二大国の陣営による、砲火を交えない〝西と東の戦い〟の勃発

1947年　「マーシャル・プラン」vs.「コミンフォルム」　34
「アメリカの援助で復興する西」vs.「反米で団結する東」

1948年　ベルリンの東西分断　36
封鎖後に〝陸の孤島〟と化した西ベルリン市民に空輸で物資を投下

1949年　西側が「NATO」を創設　38
アメリカを加えた〝軍事同盟〟に、東側は「WTO」で対抗

COLUMN　戦後世界史のキーパーソン②　42

1945年　インドネシア独立戦争　46
残留日本兵も参戦！　三五〇年間のオランダ支配から脱出

1947年　インドがイギリスから独立　48
植民地支配から解放されるも、国内の宗教対立が顕在化

1948年　ユダヤ人国家イスラエルの建国　50
イギリスの〝三枚舌外交〟で、パレスチナは戦後最大の紛争地帯へ

1946年 **第一次インドシナ戦争** 54
支配復活を目指すフランスと戦った、ベトナムの独立戦争だったが…
1949年 **中華人民共和国の誕生** 56
内戦に勝利した共産党が「中国」を建国し、国民党は台湾へ
1950年 **朝鮮戦争の勃発** 60
日本支配から解放されてはじまった南北の激戦の結果、分断国家となる
1951年 **日本の独立と日米安保条約**
占領が解かれた日本は、西側の軍事基地としての役を割り振られる
1952年 **「李承晩ライン」の設定** 66
突如、海上境界線を設けて「竹島」を実効支配した、韓国の初代大統領
1955年 **第一回「AA会議」の開催** 68
東西冷戦下、アジア・アフリカの〝第三世界〟が「平和十原則」を提唱
1956年 **「第二次中東戦争」勃発** 70
スエズ運河を国営化したエジプトに対し、英仏とイスラエルが侵攻
1963年 **イランの「白色革命」** 72
国王による急激な〝脱イスラム〟の近代化政策で国は発展したが…
1967年 **「第三次中東戦争」勃発** 74
またもやイスラエルの勝利で、パレスチナのほぼ全域を手中におさめる

第3章

社会主義勢力の台頭と変化

COLUMN　戦後世界史のキーパーソン③　76

1956年　**フルシチョフの「スターリン批判」**　80
ソ連の最高指導者が明かす、「亡き独裁者」の数々の蛮行

1956年　**東欧諸国の動乱**　82
「スターリン批判」によって、ソ連衛星国の結束にほころびが…

1958年　**中国の「大躍進政策」開始**　84
中ソ対立のなか、毛沢東が打ち出した「現実離れした目標と手法」

1960年　**「アフリカの年」**　86
列強の植民地支配から脱し、独立・建国ラッシュとなったが…

1962年　**「キューバ危機」の勃発**　88
世界を「核戦争」の恐怖に陥れた、冷戦史上最悪の米ソ対立！

1963年　**ケネディ大統領の暗殺**　92
世界に衝撃が走った衛星中継！　犯人逮捕も、いまだに残る謎

1964年　**ベトナム戦争がはじまる**　94
世界的な反戦運動のなか、アメリカは「史上初の敗北」を喫する

第4章

資本主義の栄光と挫折

1966年 **「文化大革命」はじまる** 98
「大躍進」に失敗した毛沢東が打ち出した〝革命的な〟大失策!

1967年 **「ヨーロッパ諸共同体(EC)」誕生** 100
「一つのヨーロッパ」に向け、段階的に組織された共同体を統一

1968年 **つかの間の「プラハの春」** 102
ソ連の衛星国に吹きはじめた自由の風も、戦車の前に吹きやむ…

1968年 **全土に波及した「パリ五月革命」** 104
世界的な「政治の季節」にフランスで発生した大規模なゼネスト

1969年 **中国とソ連の対立** 106
東側陣営の二大国の仲違いが顕在化! 国境紛争で武力衝突も

1969年 **「IRA」のテロ活発化** 108
ロンドン中心部も狙われ、首相が宿泊するホテルでも爆発が…

COLUMN 戦後世界史のキーパーソン④ 110

1960年代 **アメリカ経済の繁栄** 114
白人中流家庭の生活が〝世界の憧れの的〟になる一方で…

1968年 **日本が世界第二位の経済大国に** 116
安保と固定相場に守られて、「黄金の六〇年代」が到来！
1969年 **「アポロ11号」が人類を月へ！** 118
宇宙開発でソ連の後塵を拝したアメリカの「逆転プロジェクト」
1960年代 **「デタント」＝緊張緩和** 120
「核軍拡」を押さえる各条約をはじめ、米ソの対立関係が弱まる
1971年 **「ニクソン（ドル）・ショック」！** 122
ドルの信用失墜で固定相場から変動相場へ…日本は円高で大打撃！
1972年 **ニクソン訪中へ！** 126
もう一つの「ニクソン・ショック」が世界を襲う！ 米中の国交正常化
1973年 **「第四次中東戦争」勃発** 128
「イスラエル不敗神話」がついに崩壊か？ 戦争の影響は全世界に
1973年 **「オイル・ショック（石油危機）」！** 130
第四次中東戦争でアラブが切った「石油カード」に世界中が大混乱
1975年 **カンボジア内戦の悲劇** 132
恐怖の独裁者ポル・ポトによる、〝異様な共産革命〟の実態！
1975年 **第一回「サミット」の開催** 134
世界経済が不安定ななか、主要先進国による「G7」体制の形成

第5章

冷戦の終わり

1978年 鄧小平の「改革開放政策」 136
「大躍進」「文革」で疲弊した中国を立て直すための「四つの近代化」

1979年 「イラン革命」が起こる 140
「白色革命」から一転、ホメイニ氏が主導して「反米・反資本主義」へ

1980年 「イラン・イラク戦争」勃発 142
フセインの野望ではじまった戦いは泥沼化して「イラ・イラ戦争」に

1979年 ソ連のアフガニスタン侵攻 144
ゲリラ戦に苦戦を強いられ泥沼化、西側はモスクワ五輪ボイコット

1970年代 米・英・日「タカ派三政権」の誕生 146
レーガン・サッチャー・中曽根…「小さな政府」を標榜する新保守主義

COLUMN 戦後世界史のキーパーソン⑤ 148

1985年 ゴルバチョフの「ペレストロイカ」 152
疲弊したソ連を立て直す一大改革！「市場経済」導入と「情報公開」

1985年 ドル高是正の「プラザ合意」 154
アメリカの貿易赤字解消を目的に、各国協調介入で「円高ドル安」へ

1986年 **チェルノブイリ原発事故** 156
「安全神話」を吹き飛ばす最悪の事態が、ソ連ウクライナで発生

1986年 **「ウルグアイ・ラウンド」** 158
「GATT」の多角的貿易交渉は、とくに農業分野で難航する

1987年 **史上初の〝核軍縮条約〟締結** 160
米ソで交わされた画期的な「INF全廃条約」で新時代へ向かう

1987年 **「ブラック・マンデー」** 162
ニューヨークで「ダウ」が過去最大の下げ幅！ すわ世界恐慌⁉

1989年 **「ベルリンの壁」が崩壊** 164
〝ソ連のくびき〟を逃れた東欧諸国が雪崩を打って民主化される

1989年 **「マルタ会談」が開かれる** 168
「ヤルタからマルタへ」…冷戦に終止符を打った米ソの首脳会談

1991年 **「ソヴィエト連邦」の崩壊** 170
クーデターの失敗や自治共和国の相次ぐ独立で、ついに決壊！

1989年 **「天安門事件」が起こる** 172
犠牲者の数は不明⁉「人民解放軍」の戦車に圧殺された民主化要求

COLUMN 戦後世界史のキーパーソン⑥ 174

第6章

「新時代」の到来

1991年 **「湾岸戦争」勃発** 178
フセインのさらなる野望も、「多国籍軍」の最新兵器の前に潰える

1990年代 **インターネットの普及** 182
冷戦終結によって民生用として活用、社会のあり方を変えた！

1993年 **「ヨーロッパ連合（EU）」発足** 184
国境を越え「人・モノ・カネ」が自由移動！　欧州三共同体が統一・発展

1995年 **「世界貿易機関（WTO）」設立** 188
「GATT」を引き継ぎ自由貿易を推進。一方で貿易ブロック化も

1997年 **「アジア通貨危機」の発生** 190
「ヘッジファンド」に対抗できなかったバーツの暴落ではじまった！

1990年代 **アメリカの金融ビジネス** 192
投機マネーの「モラルなきゲーム」は一国の財政をも左右する！

1991年 **日本「バブル経済」の終わり** 194
「うたかたの夢」からさめて、「失われた二〇年」がはじまった

2001年 **アメリカで「同時多発テロ」が起こる** 196

世界が衝撃を受けた惨事に対し、ブッシュは泥沼の報復戦へ…
2003年 **「イラク戦争」はじまる** 200
「悪の枢軸」の「大量破壊兵器」に立ち向かう、アメリカの「大義なき戦争」
2008年 **「リーマン・ショック」と欧州危機** 202
世界同時不況の到来！ 次々に世界経済を襲う金融と財政の破綻危機
2010年 **巨人・中国の台頭** 206
日本を抜き去り世界二位の経済大国へ！ 試される「立場と振る舞い」
2011年 **「アラブの春」到来** 210
チュニジア発の「民主化の波」は、新たな難問を残し引いていった…
2014年 **「IS」の台頭とテロの拡散** 212
「アラブの春」の混乱に乗じて「最悪の国」が生まれ、憎悪の連鎖が続く
2016年 **吹き荒れる「トランプ旋風」** 216
アメリカと世界の「戦後政治と社会」を根本から覆す男となるのか？
◆エピローグ 戦後七〇年を経て、世界はどこへ向かうのか 218
主な参考文献 221

写真 アフロ／photolibrary
本文デザイン・図版・DTP 伊藤知広（美創）

プロローグ

世界を襲った未曽有の大戦は、こうしてはじまり、終わった

●世界恐慌とヨーロッパに吹き荒れるファシズムの嵐

一九一八年に第一次世界大戦が終結すると、ヨーロッパでは戦勝国のイギリスとフランスが主導する「ヴェルサイユ体制」が構築された。アメリカは大戦で英仏に資金などを提供したことで債権国となり、世界経済の雄として繁栄を誇った。

しかし一九二九年十月二十四日、ニューヨーク株式市場（ウォール街）で株価が大暴落し（暗黒の木曜日）、再び世界に暗雲が垂れ込める。一週間で国家予算の一〇年分もの損失が発生し、世界恐慌へと発展、各国は経済の保護主義へと向かう。

英仏など列強は、自国の産業を守るために経済のブロック化を進め、植民地を囲い込んだ。植民地を有しないドイツや日本などは大打撃を受けて窮地に立たされ、戦争へと突き進んでいく要因ともなったのである。

ドイツは、第一次大戦の莫大な賠償金にあえいでいたところへ大恐慌の直撃を受け、失業者の急増と社会不安の高まりに打ち震える。そうしたなかで台頭したのが、「国

家社会主義ドイツ労働者党（ナチス）」だった。一九三三年にはヒトラーが政権を握り、独裁体制を確立。再軍備を開始し、ヨーロッパ支配への歩を進める。

イタリアでも、ムッソリーニのファシスト党による一党独裁政権が二二年に誕生。自国利益最優先のナショナリズムが高まり、ヴェルサイユ体制は崩壊した。

ヒトラーは三八年にオーストリアを併合し、翌年チェコスロバキアを解体、対立するソ連と独ソ不可侵条約を結ぶと、ポーランドへ侵攻した。ここに至り、戦争回避を模索していた英仏もついにドイツに宣戦布告し、第二次世界大戦が勃発する。

ドイツは、デンマーク・ノルウェー・オランダ・ベルギーに侵攻し、フランスまでも降伏させた。四一年には不可侵条約を破棄してソ連へ侵攻し、ヨーロッパ全土が戦場と化す。ナチスのユダヤ人絶滅政策では、推定六〇〇万人が虐殺された。

●太平洋戦争により世界に広がった戦火

一方、アジアでは一九三一年の満州事変を発端として、日本が大陸での支配拡大へ突き進んだ。満州国を建てて国際連盟から非難されると、三三年にはこれを脱退。三七年には日中両軍が衝突した盧溝橋《ろこうきょう》事件から、日中全面戦争へと突入する。

アメリカはこれに抗議し、石油など資源の対日輸出を断つ経済制裁を行なう。すると日本は、資源を求めて仏領インドシナ（ベトナムなど）に進軍した。

ヤルタ会談での英米ソ首脳(左からチャーチル・ルーズヴェルト・スターリン)

一九四〇年、国際的に孤立したドイツとイタリア、そして日本は三国同盟を締結し、枢軸《すうじく》国を形成。そしてアメリカが「ABCD包囲網」で対抗すると、日本は四一年十二月八日にハワイ真珠湾の米海軍基地を奇襲した。太平洋戦争の勃発である。

枢軸国と米英などの連合軍との第二次大戦には六〇ヵ国以上が参戦し、戦火は世界に広がった。

●日本の無条件降伏により大戦終結

ヨーロッパ戦線はアメリカの参戦で連合軍優位に転じ、イタリアは四三年九月に無条件降伏した。翌年六月には〝史上最大の作戦〟ノルマンディー上陸を連合国軍が決行し、フランスを奪還、パリを解放した。

ドイツ軍を駆逐したソ連も東欧へ進撃。

ソ連の対日参戦ルート

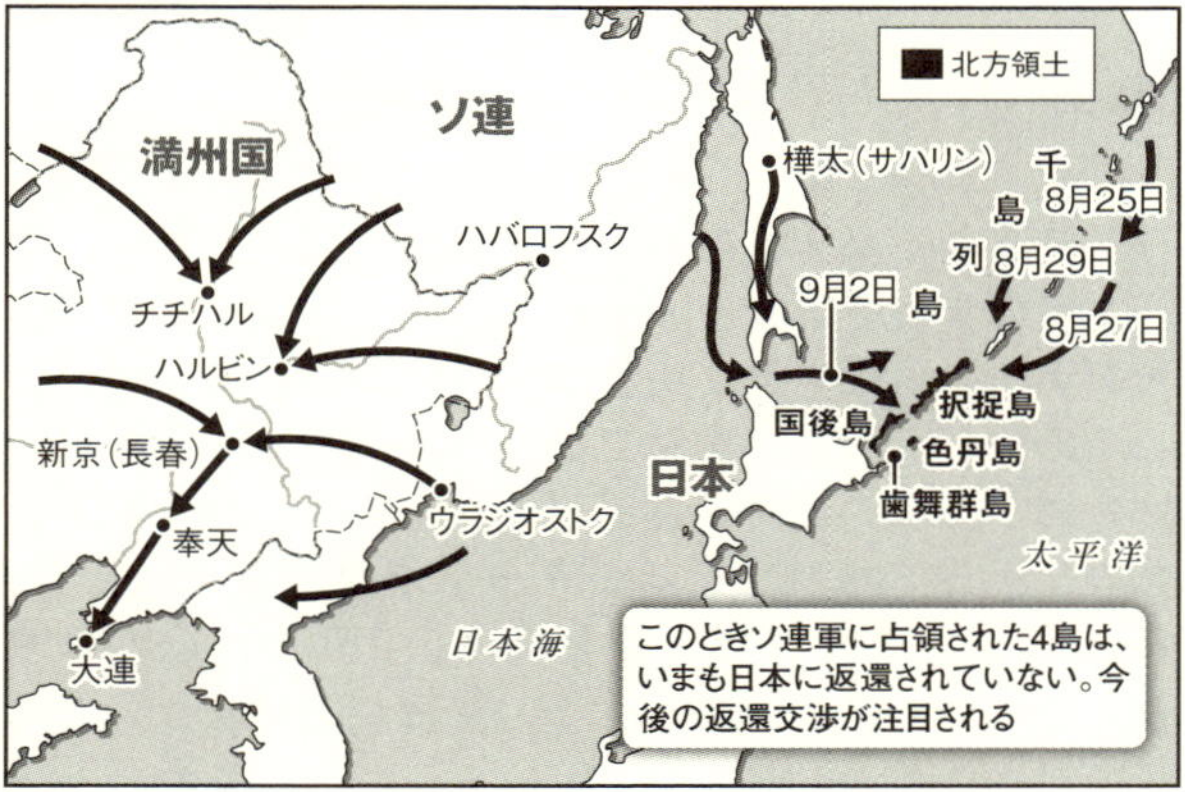

四五年五月にベルリンを占領し、ドイツはついに無条件降伏する。

日本も追い詰められた。アメリカ軍による本土空爆にさらされ、四五年四月には沖縄への上陸を許す。八月には、完成したばかりの原子爆弾が広島と長崎に投下され、合計三〇万人以上が犠牲となった。

さらに北からは日ソ中立条約を破棄したソ連の侵攻を受ける。ソ連は米英ソによるヤルタ協定に基づき、満州・千島列島へと兵を進め、北方四島の返還をめぐる対立をいまに残すこととなった。

一九四五年八月十五日、日本はポツダム宣言を受諾、無条件降伏したが、全世界で五〇〇〇万人超という未曽有《みぞう》の犠牲を生んだ第二次大戦がここに終結した。

【COLUMN】戦後世界史のキーパーソン①

アドルフ・ヒトラー　ドイツ

第二次世界大戦を引き起こした独裁者

歴史上の人物のなかで最大の悪役といえば、ヒトラーの名前が必ずあがる。彼は画家志望だったが、第一次世界大戦でドイツが敗れるとドイツ労働者党（のちのナチス）に入党、指導者の地位にまで昇った。

その後、ナチスが選挙で第一党になると、ヒトラーは首相、そして総統に就任。ユダヤ人の大量虐殺を行ない、世界を震撼《しんかん》させる。さらに侵略政策を敢行し、1939年に第二次世界大戦を引き起こした。最期《さいご》は敗戦間際に自殺を遂げたが、その悪行が風化することはないだろう。

ハリー・S・トルーマン　アメリカ

超大国アメリカの礎を築いた大統領

アメリカは第二次世界大戦に勝利し、ソ連とともに世界をリードする大国となった。その牽引《けんいん》役をつとめていたのが第33代大統領トルーマンである。

大戦末期の1945年4月、ルーズベルト大統領の急死を受けて副大統領から大統領に昇格すると、ドイツ・ポツダムでの米英ソ首脳会談を経て、日本への原爆投下を命令、アメリカを勝利に導いた。東西冷戦下では、東側陣営を封じるためにNATOを組織したり、ヨーロッパ復興を支援したりして、自国の存在感を高めていった。

第1章

新たな戦い「冷戦」のはじまり

第二次世界大戦が終わり、東西冷戦が勃発

年	出来事
1944年7月	ブレトン・ウッズ協定
1945年10月	国際連合が発足
1945年12月	国際通貨基金（IMF）と世界銀行創設
1946年2月	マッカーサーが日本国憲法草案作成を指示
1946年5月	極東国際軍事裁判（東京裁判）開廷

一九四五年八月、日本の降伏によって第二次世界大戦が終結すると、連合国（戦勝国）は再び戦争を繰り返さないように「国際連合」を設立し、新たな世界秩序の確立を目指した。しかし、連合国間の亀裂が深まり、新たな対立の構図が生まれた。

まず、ソ連とイギリスが衝突した。軍民合わせて二〇〇〇万人以上の死者を出したソ連が、自国の復興を最優先とする政策をとると、ヨーロッパ全体の復興こそ重要と考えるイギリスと対立。そうしたなか、ソ連が東欧諸国を支配下に置き、勢力の拡大を図ったため、緊迫の度が高まった。

次に、ソ連陣営とアメリカの対立が顕在化する。戦後、アメリカは核の力を背景に軍事力で他を圧倒。経済的にも世界の富の半分以上を手にする。四四年

1946年11月	日本国憲法公布
1947年3月	トルーマン・ドクトリンで冷戦がはじまる
1947年6月	マーシャル・プラン発表
1947年9月	コミンフォルム結成
1947年10月	GATT発足
1948年6月	ベルリン封鎖
1949年10月	ドイツが東西に分裂
1949年4月	NATO(北大西洋条約機構)

からの「ブレトン・ウッズ体制」でドルが唯一の国際通貨になると、アメリカは「マーシャル・プラン」を打ち出してヨーロッパ復興支援を開始。これに対し、ソ連は東欧諸国と「コミンフォルム」を結成して対抗姿勢を示したため、米ソを中心とする東西両陣営の軋轢《あつれき》は避けられないものとなった。

この、直接戦火を交えずに激しく対立・抗争する国際的な緊張状態を「冷戦」という。

そして四九年、西側陣営が「NATO（北大西洋条約機構）」による集団的自衛体制を構築すると、東側陣営は「ワルシャワ条約」を結び、軍拡競争が本格化していったのである。

敗戦国はどうなったかというと、日本は連合国軍の占領統治下に置かれ、非軍事化・民主化が進められた。一方、ドイツは東西に分割され、東西両陣営の対立の場となった。

1945年

「国際連合」の発足

世界戦争を二度と繰り返さないために、戦勝国主導で設立された国際機関

第二次世界大戦後の新たな世界秩序を確立するために設立されたのが、「国際連合」（以下、国連）である。大戦中から米・英・ソ連・中国（連合国＝戦勝国）の代表で話し合い、一九四五年十月二十四日に発足した。当初の加盟国は五一ヵ国で、本部はニューヨークに置かれた。

第一次大戦後に設けられた「国際連盟」は、第二次大戦を防げなかった。国連はその反省を踏まえ、ヨーロッパへの不干渉政策により国際連盟に参加しなかったアメリカを加えたり、総会で多数決を原則として採択しやすくしたり、武力制裁を可能にするなど、国際平和を恒久的に維持するための仕組みを構築した。

総会と並ぶ最高機関とされるのは安全保障理事会である。米・英・ソ連・中国にフランスを加えた常任理事国と、加盟国から選ばれる非常任理事国から構成され、国際的な安全保障を担う。

常任理事国の五ヵ国は決議を阻止する拒否権を有しており、紛争解決のための制裁決議など、国連の政策決定において大きな権限を握っている。

「国際連合」の加盟国

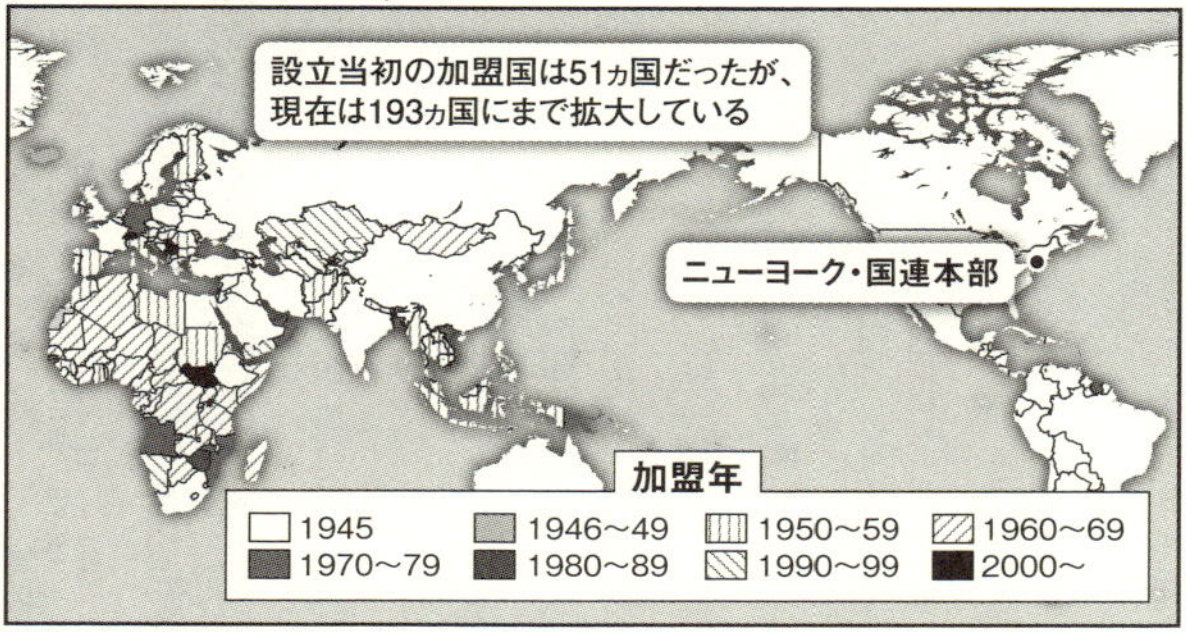

新旧「国連」の相違点

国際連盟		国際連合
1920年	創設	1945年
原加盟国は英仏日伊など**42ヵ国**。アメリカは不参加	加盟国	原加盟国は米英ソ中仏など**51ヵ国**
スイス（ジュネーブ）	本部所在地	**アメリカ**（ニューヨーク）
総会・理事会・事務局・国際司法裁判所・国際労働機関	主要機関	総会・安全保障理事会・事務局・経済社会理事会・国際司法裁判所・信託統治理事会
全会一致	議決方法	**多数決**（安保理は常任理事国の拒否権発動で議決不可となる）
経済封鎖が中心	制裁措置	経済制裁のほかに**武力行使**もある

ひとくちメモ

国連の英語名は「The United Nations」。第二次大戦の「連合国」と同じ名称を求めたアメリカの意向による。つまり国連は戦勝国による国際機構なのだ。敗戦国は枠外に置かれ、日本は1956年12月、80番目にようやく加盟した。

1944年

「ブレトン・ウッズ体制」の確立

「金・ドル本位制」による、アメリカを中心とした戦後世界経済の枠組み

戦後世界経済の枠組みは、終戦前の一九四四年七月、アメリカ・ニューハンプシャー州ブレトン・ウッズに連合国四四ヵ国が集まった会議で定められた。その名も「ブレトン・ウッズ体制」。超大国のアメリカを中心とした新体制だ。

その背景には、一九三〇年代への反省があった。一九二九年、世界恐慌がはじまると、各国は国際金本位制を崩壊させ、自国通貨の為替切り下げ競争で輸出を増やそうとした。

さらに列強は経済ブロックを構成し、保護貿易策を強化したため対立が激化、これが第二次大戦の一因となった。そこで、各国が協調して国際金融制度の立て直しを図ることになったのである。

新体制下では、ドルを金と並ぶ国際通貨とする金・ドル本位制がとられた。「金一オンス（約二八グラム）＝三五ドル」での金とドルの交換をアメリカが保証し、各国は対ドル為替レートを設定した。

かつて栄華を誇っていたイギリスから、世界の金の約七割が集まるアメリカへと、経済の覇権が移った瞬間だった。

「ブレトン・ウッズ体制」の構築

ブレトン・ウッズ体制
1944年、アメリカのブレトン・ウッズで開催された国際通貨金融会議において、次の3項目が決定した
①金・ドル本位制をとる
②国際復興開発銀行を創設する
③国際通貨基金（IMF）を創設する
ブレトン・ウッズ
ワシントンD.C.
（国際復興開発銀行とIMFの所在地）
①金・ドル本位制
ドルを金と並ぶ国際通貨とする（＝ドルしか金と交換できない）
金1オンス（約28.3グラム）
＝
35ドル
1ドル
＝
360円
②国際復興開発銀行
途上国への融資を主な役割とする（現在は世界銀行グループの一つ）
③国際通貨基金（IMF）
財政危機国に対する支援など、国際通貨の安定を主な役割とする

ひとくちメモ

ブレトン・ウッズ体制での円の為替レートは1ドル＝360円。これがニクソン・ショック（→122ページ）後のドル切り下げまで22年続いた。敗戦直後の軍用交換レートは1ドル＝15円、インフレにより50円、270円と円安が進み、360円に至った。

1947年

「GATT」発足

「自由・無差別・多角」の三原則による、新たな貿易秩序の推進

一九四七年十月、ブレトン・ウッズ体制（↓24ページ）の一環として、二三ヵ国による「関税及び貿易に関する一般協定（GATT）」が発足した。自由貿易の実現に向けてのルールを定めた国際協定で、これにより経済大国アメリカの主導する戦後の貿易秩序が完成した。

GATTは、①自由、②無差別、③多角、を三原則とする。①は加盟国間では輸出入規制など関税以外の貿易障壁を廃止し、関税をできるかぎり引き下げる、②は他国に与える待遇に劣らない待遇を互いに与える、③は問題を多国間交渉により解決するということだ。

こうした多角的な自由貿易の推進は、排他的な経済ブロックが各国の対立を激化させ、大戦勃発に至ったという過去の経緯を踏まえてのものである。

ただし、現実に運用するためにさまざまな例外が設けられた。その結果、一九四五年に平均四〇パーセントもあった工業製品の関税率は、一九八〇年代には平均五パーセントとなり、世界の貿易高は五倍以上に膨らんだ。

「GATT」設立の意味

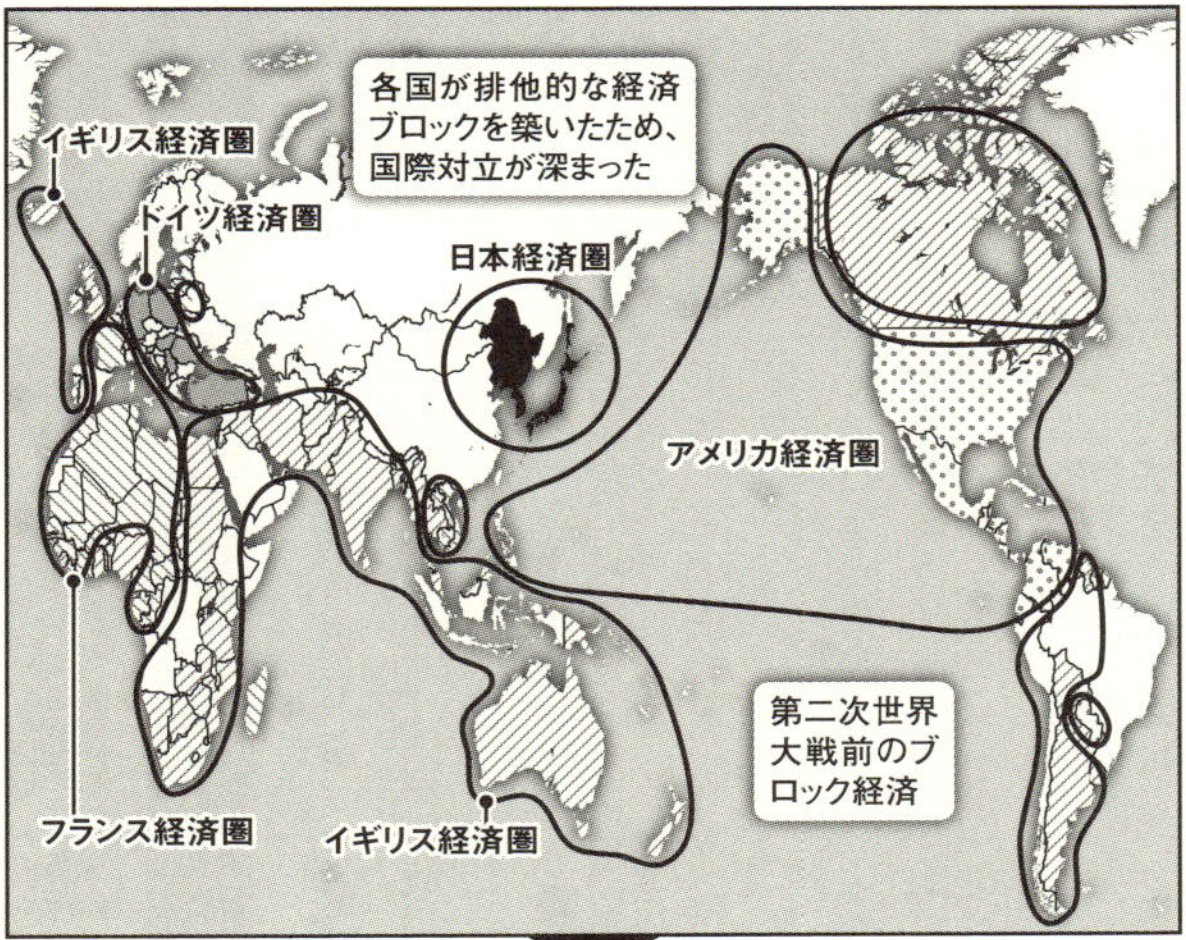

1947年 GATT（関税及び貿易に関する一般協定）発足

自由貿易の実現を目指し、23カ国で協定を結ぶ

❶	自　由	加盟国間では関税以外の貿易障壁を廃止し、関税をできるかぎり下げる
❷	無差別	ある国に対して第三国と比較して不利にならないような待遇を与える
❸	多　角	問題は多国間交渉によって解決する

ひとくちメモ

戦後の貿易体制の柱は、アメリカが構想した国際貿易機構（ITO）になるはずだった。しかし、批准《ひじゅん》に至らず頓挫したため、一般協定のGATTが世界貿易機関（WTO）設立まで約半世紀も代わりを担うことになった。

1945年

敗戦国・日本の民主化

戦争を起こさない国へ！ GHQ（アメリカ）による占領統治の開始

敗戦後の日本では、東京に置かれた「連合国軍最高司令官総司令部（ＧＨＱ）」による占領政策が進められた。日本政府を通じての間接統治であったが、実質はアメリカによる占領行政だった。

ＧＨＱの最大の目的は、軍国主義と封建的な体制を廃し、日本を民主化・非軍事化することにあった。日本が再び戦争を起こさないよう、社会全体の改造が図られたのである。

軍隊は解体され、職業軍人をはじめ戦争協力者は公職から追放された。その対象は、地方政界・言論界・経済界にまで拡大し、罷免《ひめん》・排除された人数は二〇万人以上にのぼった。

●ＧＨＱの「五大改革」指令

一九四五（昭和二十）年十月、ＧＨＱは民主化のための「五大改革指令」を出した。その内容は、①女性の解放、②労働者の権利の確保、③教育の民主化・自由化、④圧政的機構の廃止、⑤経済の民主化、というものだった。

①の女性解放については、選挙法の改正により女性にはじめて参政権が認めら

れた。この参政権が行使されたのが戦後初となる四六年四月の総選挙で、三六人の女性議員が誕生している。また、民法の改正などにより、男女平等を基本とする規定が定められ、家父長制のもとで抑圧されていた女性の権利が保障されることとなった。

②の労働者の権利については、いわゆる労働三法によって労働組合の結成など労働者の団結権・団体交渉権が保障された。労働条件を整えて労働者の賃金を上げ、日本国内の消費を伸ばして市場を育てることが目的とされたが、市場を求めて他国へ侵略する動きが生まれないようにするという狙いもあった。

③の教育に関しては、忠君愛国の天皇制国家観の支柱とされた教育勅語《ちょくご》を廃し、軍国主義の教育を禁止した。教育三法が制定され、小・中・高が六・三・三制となる学校制度へと転換し、男女共学となった。義務教育は六年から九年へと延長された。教育により日本に民主主義を根づかせようとしたのである。

④の圧政的機構とは、戦前の治安維持法や特別高等警察といった、思想や政治信条を取り締まりの対象とする秘密的弾圧機構を指している。これらが撤廃され、思想の自由化が図られた。

●財閥解体と農地改革

⑤の経済の民主化については、財閥解体と農地改革が進められた。

財閥の力を削いだのは、財閥が日本経

済を支配し、軍国主義の経済的基盤となったとみなされたためだ。三井・三菱・住友・安田の四大財閥をはじめ、解散・整理された財閥は八〇以上にのぼる。資産は凍結、株式は民間に放出され、中小を含めた企業の健全な競争による発展が促された。

農地改革では、農村部において地主が小作農《こさく》に土地を貸して小作料を取る支配体制の転換が図られた。これも軍国主義の基盤とみられたからである。

不在地主の所有地はすべて買収、在村地主の小作地にも制限が定められ、制限以上の土地は強制的に買い上げられた。そして小作人に安く払い下げられた。その結果、大量の自作農が新たに生みだされたのである。

●「日本国憲法」の制定

戦後改革の総仕上げにして、民主化のシンボルと位置づけられたのが、「日本国憲法」の制定だった。

「主権在民」「平和主義」「基本的人権の尊重」を三原則とし、戦争放棄・男女平等・表現の自由などを定めた現行憲法の誕生である。

「大日本帝国憲法」で「国の元首として統治権のすべてを握る」とされた天皇は、新憲法では「国と国民統合の象徴」と規定され、主権者は国民となった。

こうして日本は天皇を頂点とする体制から転換し、議会制の民主主義国家となったのである。

GHQの日本民主化政策

「五大改革指令」

❶ 女性の解放
選挙法が改正され、婦人参政権が認められる。民法改正による男女同権も定められる

❷ 労働者の権利の確保
労働三法により、労働者の団結権・団体交渉権が保障されることになった

❸ 教育の民主化・自由化
教育勅語が廃止され、軍国主義教育が禁止に。義務教育が6年から9年に延長される

❹ 圧政的機構の廃止
治安維持法・特別高等警察など、秘密的弾圧機構を廃止し、思想の自由化が図られる

❺ 経済の民主化
三井・三菱・住友・安田などの財閥が解体され、農地改革で不在地主の土地を小作人に与えた

かつてGHQが入っていた第一生命館(DNタワー21)。外観保存のうえで改築された

GHQの最高司令官をつとめたマッカーサー

「日本国憲法」の制定

主権在民 / 平和主義 / 基本的人権の尊重

ひとくちメモ

「日本国憲法」は1946年11月3日に公布され、47年5月3日に施行された。その翌年には、自由と平和を愛し文化を進める日として、公布日が「文化の日」に、国の成長を期する日として、施行日が「憲法記念日」に定められた。

1947年

新たな世界戦争「冷戦」の開始

米ソ二大国の陣営による、砲火を交えない〝西と東の戦い〟の勃発

戦勝国となったアメリカとソ連は、ヨーロッパ諸国が荒廃・疲弊《ひへい》したこともあり超大国へと成長した。しかし、両国は戦後間もなく対立を深めることとなる。

アメリカを中心とする西側資本主義陣営と、ソ連を中心とする東側共産主義陣営が対立する「冷戦」のはじまりだ。

大戦末期、ファシズムを共通の敵として戦っていた連合国間に不信感が芽生え、ヨーロッパの戦後処理で姿勢の違いが鮮明となる。

たとえば米英仏ソが分割占領したドイツについて、米英仏はドイツの復興を進めようとしたが、ソ連は工場設備などを接収して自国の復興に利用し、占領地区を対西側諸国の拠点にしようとした。また、ソ連は東欧を自陣営に組み込んで勢力圏を広げ、米英と対立した。

そして一九四七年三月、アメリカは共産主義勢力の圧力にさらされているギリシャとトルコへの援助を表明した政策「トルーマン・ドクトリン」を発表。

この新たな外交方針が、本格的な冷戦の開始宣言となったのである。

「鉄のカーテン」で二分されたヨーロッパ

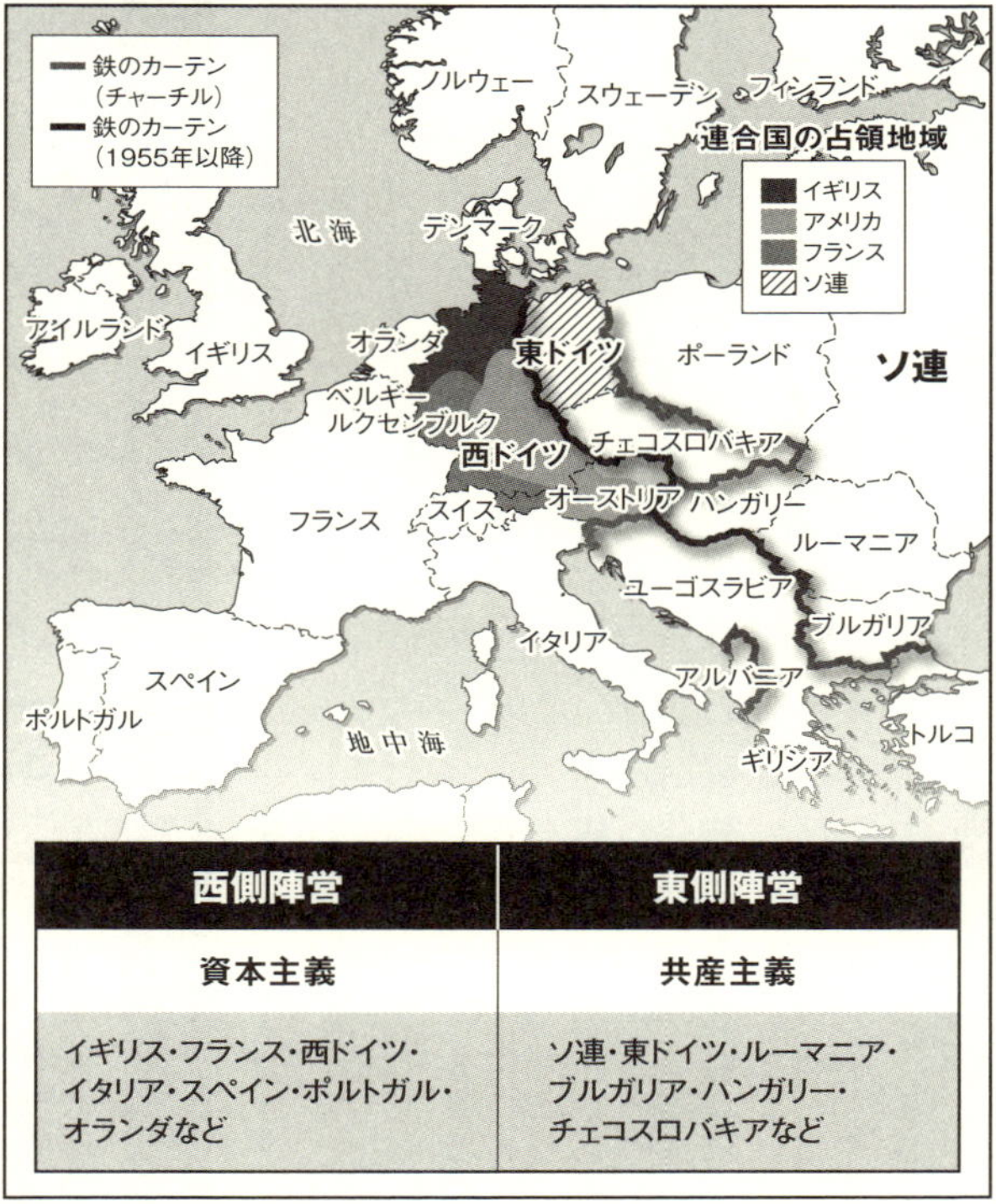

西側陣営	東側陣営
資本主義	共産主義
イギリス・フランス・西ドイツ・イタリア・スペイン・ポルトガル・オランダなど	ソ連・東ドイツ・ルーマニア・ブルガリア・ハンガリー・チェコスロバキアなど

ひとくちメモ

「鉄のカーテン」は、東側の閉鎖性を表す言葉として知られている。1946年3月、英前首相チャーチルは「バルト海からアドリア海まで大陸を横切り、鉄のカーテンが降ろされている」と、アメリカで演説し、西側の団結を訴えた。

1947年

「マーシャル・プラン」vs.「コミンフォルム」

「アメリカの援助で復興する西」vs.「反米で団結する東」

冷戦は経済分野でも展開した。一九四七年六月、アメリカは「トルーマン・ドクトリン」(→32ページ)に基づき、経済援助によってヨーロッパを復興させる「マーシャル・プラン」を発表した。

これにより西欧諸国にトルコを加えた一六ヵ国に対し、四年間で総額一三〇億ドルもの援助が行なわれると、西欧の経済は急速に回復、工業生産は大戦前を上まわるまでに発展した。ちなみに、その資金の約七割がアメリカの輸出品購入にあてられ、アメリカ経済も大いに潤った。

一方ソ連は、マーシャル・プランをアメリカ帝国主義の策略と非難。四七年九月、西側陣営に負けじと、東欧諸国にフランスとイタリアを加えた九ヵ国の共産党で「コミンフォルム(共産党情報局)」を結成した。ソ連共産党の指針を受け、反米闘争を推進する国際組織だ。

さらに四九年一月には、東欧諸国とともに「COMECON(経済相互援助会議)」を創設し、経済統合を見据えた経済協力を推進した。こうして冷戦構造はしだいに深化していったのである。

「マーシャル・プラン」vs.「コミンフォルム」

マーシャル・プラン
（ヨーロッパ経済復興援助計画）

・1947年6月、アメリカの国務長官ジョージ・マーシャルが提案した、経済援助によってヨーロッパの復興を促そうとする計画

ジョージ・マーシャル

・西欧諸国にトルコを加えた合計16カ国に対して、4年で総額130億ドルの援助を実施した

コミンフォルム
（共産党情報局）

・1947年9月、ソ連など9カ国の共産党がマーシャル・プランへの対抗措置として組織。反米闘争の推進を目的とした
・加盟国の一つであるユーゴスラビアは、マーシャル・プラン受け入れなどの理由で除名されるも、のちに東ドイツが加盟
・1949年1月には、ソ連と東欧諸国がCOMECON（経済相互援助会議）を創設し、経済協力を推進した

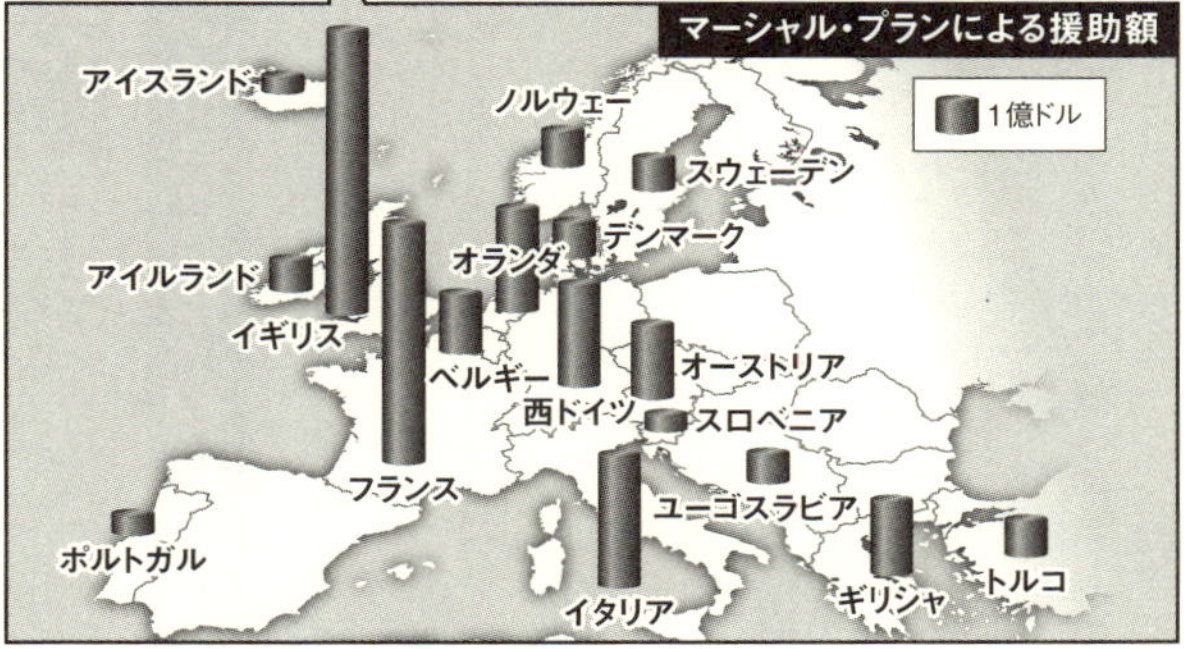

ひとくちメモ　マーシャル・プランによる援助額を国別に見ると、イギリス・フランス・西ドイツの3カ国が上位にランクされる。スペインへの援助がなかったのは、大戦中、スペインはフランコ政権による独裁下にあったためである。

1948年

ベルリンの東西分断

封鎖後に〝陸の孤島〟と化した西ベルリン市民に空輸で物資を投下

ナチス・ドイツの降伏後、ドイツ西部は米英仏が、東部はソ連が占領し、分割統治が行なわれた。

ソ連領に位置する首都ベルリンはさらに分割され、西側を米英仏が、東側をソ連が支配。これにより西ベルリンは、周囲をソ連領に囲まれた〝陸の孤島〟と化したのである。

やがてソ連がドイツ東部において、ナチス時代の印刷機で大量の紙幣を刷りはじめると、西側諸国はドイツ西部で新たな独自通貨を発行し、西ベルリンにも導入した。これに激怒したソ連は一九四八年六月、ドイツ西部からベルリンへの交通を遮断し、西ベルリンへの電気や食料などの供給を停止、西側の占領軍が撤退するよう仕組んだ。

このベルリン封鎖に対し、アメリカは大型輸送機で生活物資を投下して、約一年にわたり西ベルリン市民と占領軍の命を支えた。

その結果、西側にドイツ連邦共和国が、東側にドイツ民主共和国が成立し、東西分裂は決定的となったのである。

ベルリンの東西分割

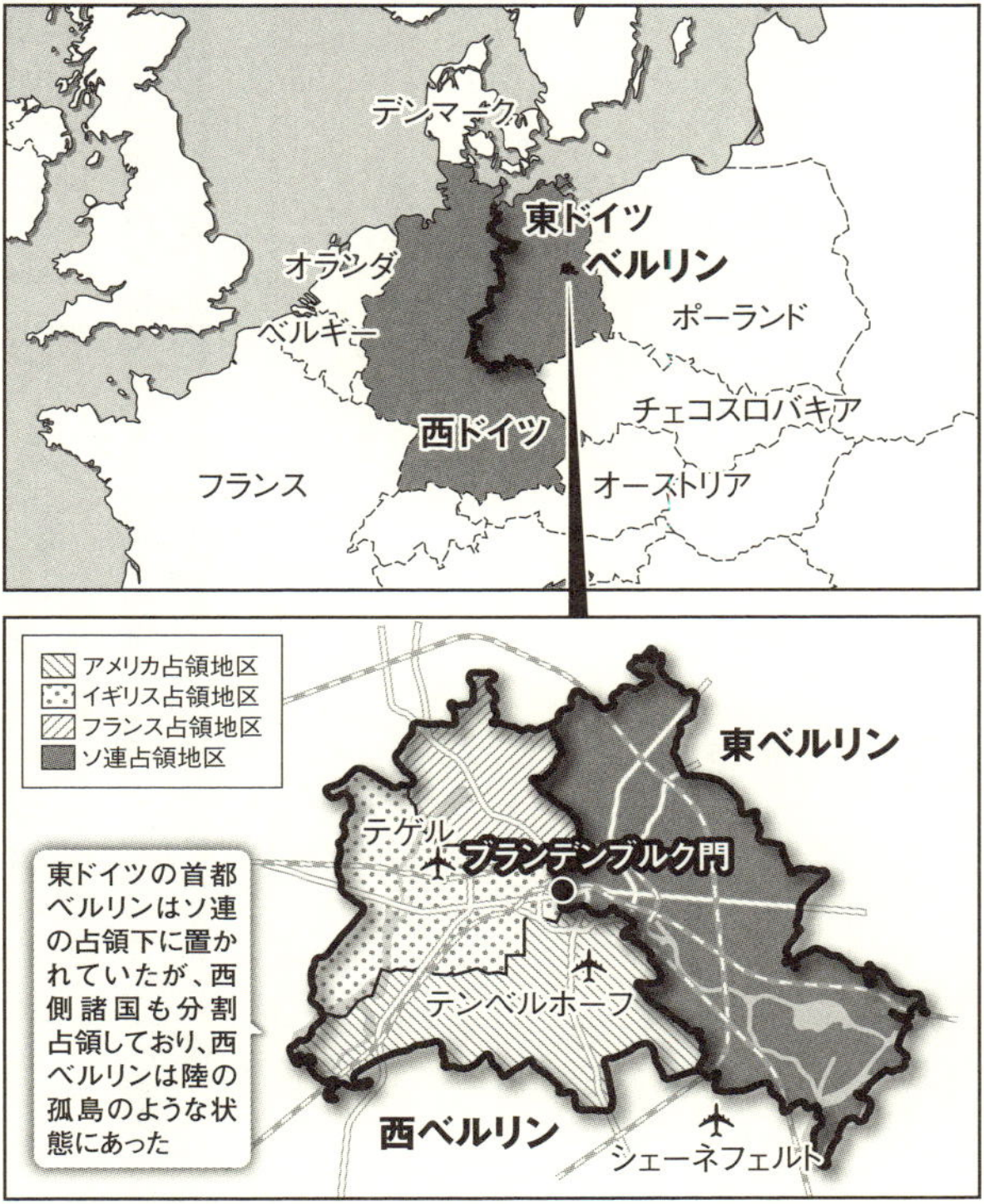

ひとくちメモ
アメリカ主導のベルリン空輸では、1年間で27万回以上も輸送機が飛んだ。1分おきに離陸して1日で1万3000トンの物資を運ぶ日もあったほどで、史上例のない大規模な空輸となった。空輸した総量は210万トンを超えたという。

1949年

西側が「NATO」を創設

アメリカを加えた〝軍事同盟〟に、東側は「WTO」で対抗

ナチス・ドイツから解放されたのち、ソ連の占領下に置かれた東欧諸国では、共産党政権が樹立されていった。ポーランド・ハンガリー・ルーマニア・ブルガリアと、ソ連の勢力圏が拡大するにつれ、西欧諸国の人々のぼんやりした不安は、はっきりした恐怖へと変わっていく。

ソ連の意のままに団結する東側陣営の脅威に対し、西側陣営は集団的自衛体制の構築という軍事面での対抗策を講じることとなる。その結果、東側陣営も同様の動きが生まれたのである。

引き金となったのは、一九四八年二月のチェコスロバキアでの政変だった。大戦後、同国では連立政権が維持されていたが、ソ連の画策により共産党が政権を掌握した。

これにより東欧の国は、例外なくすべてソ連に組み込まれることとなったのである。

●西欧諸国にアメリカも参加

西欧諸国は東側陣営に対抗するために防衛力の強化を迫られ、同年三月、「ブリュッセル条約」を結んだ。英仏にベル

ギー・オランダ・ルクセンブルクのベネルクス三国を加えての反共軍事同盟である。五ヵ国で共同してソ連から西欧を守ることを目的としていた。

だが実際のところ、この五ヵ国ではソ連に対抗するだけの軍事力はない。そこで求められたのが、アメリカの参加だ。すでにトルーマン・ドクトリンを打ち出していたアメリカは、共産主義を封じ込めるため、経済援助に加え、軍事面でも積極的に関与する方針へ転じた。

●「NATO」が生まれる

そして四九年四月に創設されたのが「NATO（北大西洋条約機構）」である。当初の加盟国は、ブリュッセル条約の五ヵ国に、アメリカ・カナダ・デンマーク・イタリア・アイスランド・ノルウェー・ポルトガルの七ヵ国を加えた一二ヵ国であった。

NATOの加盟国のどこか一国でも武力攻撃を受けた場合は、それはすべての加盟国への攻撃とみなされ、共同で反撃を行なう。これがすなわち集団的自衛権の行使である。

アメリカは西欧の各地に基地を設置し、経済面のみならず、軍事力でもトップに君臨する西側ブロックが形成されていった。

また、これ以降、NATOには一九五二年にギリシャとトルコが、五五年には西ドイツが加盟した。ドイツは敗戦で武装解除されていたが、西ドイツは再軍備し、NATOに参加する軍隊が創設されたのである。

●「ワルシャワ条約機構」の誕生

一方のソ連にとっては、NATO創設は自陣営に迫りくる軍事的脅威である。さらに西ドイツの再軍備、NATO加盟により防衛体制の強化に駆り立てられ、西側陣営に対抗する軍事組織の創設へと向かう。

それまでの東欧各国との二国間の軍事条約では不十分として、それを発展させた集団安全保障機構を生み出した。五五年に結成された「ワルシャワ条約機構（WTO）」である。

ワルシャワ条約機構はソ連と東欧による軍事同盟であり、ポーランド・チェコスロバキア・ハンガリー・アルバニア・ブルガリア・ルーマニア、東ドイツの八ヵ国で構成されていた。

こうしてソ連主導の東側ブロックが構築されると、冷戦は本格化し、軍拡競争が激化することとなった。

大戦末期には、日本に原爆を投下したアメリカが唯一の核保有国だったが、ソ連は核開発を急ぎ、四九年に原爆実験に成功、翌年に原爆保有を宣言した。

アメリカの核独占が崩れ、両国はさらなる核兵器開発競争へと走る。東西陣営の対立はヨーロッパ以外の地域・国をも巻き込むものとなり、核戦争による人類滅亡の恐怖を背景に、世界的な緊迫が続くことになるのである。

「NATO」対「ワルシャワ条約機構」

東西両陣営は、それぞれ集団的自衛権に基づく軍事組織を構築。これにより、世界ははっきりと東西陣営に分かれることとなった

NATO（北大西洋条約機構）		ワルシャワ条約機構
1949年	発足年	1955年（91年解消）
アメリカ・イギリス・フランス・イタリア・ベルギー・オランダ・ルクセンブルク・ポルトガル・デンマーク・ノルウェー・アイスランド・カナダ（のちにギリシャ・トルコ・西ドイツ・スペインが加盟）	加盟国	ソ連・ポーランド・東ドイツ・チェコスロバキア・ハンガリー・ルーマニア・ブルガリア・アルバニア（のちにベトナムが加盟）
ソ連と、その衛星国の脅威に対抗する	目的	NATOの攻撃に対抗する。ソ連に反発する東欧諸国に睨みをきかせる
東側陣営への抑止力として、西欧にアメリカ軍の基地を築くなどした	活動	NATOに対抗するほか、東欧の民主化運動を弾圧するなどした

ひとくちメモ

ソ連の勢力圏に組み込まれた東欧諸国は「ソ連の衛星国」と呼ばれた。大国の周囲にあって、独立国ながら実質的には内政・外交・経済を大国に支配され、追随せざるをえない中小国家を衛星国という。

ダグラス・マッカーサー

アメリカ

戦後日本の民主化を指導した元帥

老兵は死なず、ただ消え去るのみ——この名言を残したのが、戦後の日本を指導したアメリカ人のマッカーサーである。彼は陸軍軍人で、太平洋戦争では西南太平洋方面連合軍司令官として日本軍と戦った。

そして戦後は、連合国軍最高司令官として日本に進駐、日本の非軍事化と民主化を進めた。

その後、朝鮮戦争の際には国連軍の司令官に就任したが、戦局が悪化するとトルーマン大統領と反目し、解任されしまった。そのときに残したのが、冒頭の言葉である。

ヨシフ・スターリン

ソ連

ソ連で独裁体制を敷いた赤い皇帝

第二次世界大戦前後に登場した独裁者といえば、ドイツのヒトラーやイタリアのムッソリーニが有名だが、ソ連のスターリンもまた彼らに比肩《ひけん》するほどの独裁者である。

ソ連建国の父レーニンの後継者争いでライバルのトロツキーを失脚させ、共産党の全権を握ったスターリンは、社会主義体制の基礎を構築する一方、自分に批判的な人間を次々に粛清していった。彼が死去するまで、世界では偉大な指導者とみなされていたが、フルシチョフ批判で化けの皮が剝がされることになった。

第2章

新国家の誕生と相次ぐ紛争

アジア・アフリカで独立した国々が難局に直面

年	出来事
1946年12月	インドシナ戦争勃発
1947年8月	インドが独立を果たす
1947年10月	第一次印パ戦争勃発
1948年5月	イスラエルが建国される
1948年5月	第一次中東戦争勃発
1949年10月	中華人民共和国成立
1949年12月	インドネシアが独立

第二次世界大戦前、アジア・アフリカの国々は列強の植民地となっていたが、戦争が終わると次々に独立を果たした。一九四四年から六四年までに、アジアで二〇、アフリカで三三の国々が新たに誕生したのである。

しかし、それらの国々の多くは東西冷戦構造のなかで、内戦や国際紛争という苦難に直面する。

インドはイギリスの支配から脱したが、同じ英領だったパキスタンと対立。パキスタンは東西で袂《たもと》を分かち、東側にバングラデシュが建国された。

インドシナ半島では、フランスとベトナムの間で戦争が勃発。ベトナムは南北に分断されて東西陣営が衝突し、のちにベトナム戦争へと発展する。

中国では内戦に勝利した共産党が中華人民共和国

1950年6月	朝鮮戦争勃発
1951年9月	日本がサンフランシスコ平和条約と日米安全保障条約に署名
1952年1月	韓国大統領李承晩が主権海域を設定
1955年4月	アジア・アフリカ会議が開かれる
1956年10月	第二次中東戦争勃発
1963年	イランで白色革命がはじまる
1965年8月	第二次印パ戦争勃発
1967年6月	第三次中東戦争勃発

を樹立し、敗れた国民党は台湾へと逃れた。

中国建国の翌年にはじまった朝鮮戦争では、ソ連が支援する北朝鮮に中国軍が加わり、半島全土が荒廃。現在も終戦には至っておらず、北緯三八度線を軍事境界線とする南北分断が続いている。

そうしたなか、大国中心の世界秩序に変革を求める動きも芽生えた。一九五五年のアジア・アフリカ会議では、新たな国際関係を提案する「平和十原則」を発表、ここに「第三世界」が出現した。

一方、列強の身勝手な取り決めはパレスチナ問題を引き起こした。ユダヤ人が一九四八年にイスラエルを建国すると、アラブ人は激しく反発し、第一次中東戦争が勃発。その後も戦いは続き、大量のパレスチナ難民が生まれた。その解放運動は「パレスチナ統一機構（ＰＬＯ）」に結集され、ゲリラ攻撃とイスラエルの報復が繰り返されることになった。

1945年

インドネシア独立戦争

残留日本兵も参戦！ 三五〇年間のオランダ支配から脱出

インドネシアは、第二次世界大戦前からオランダに植民地支配されていた。しかし、独立を志向するインドネシア人も多く、日本軍の手助けを得て独立運動を展開するようになる。

一九四三年、日本軍はインドネシア国内での祖国防衛義勇軍の設立を支援。四五年に民族活動家スカルノらが独立準備委員会を発足すると武器類を提供し、三万五〇〇〇人の大部隊を育て上げた。

そして日本が太平洋戦争に敗北して撤退すると、スカルノは連合軍の上陸前にインドネシア共和国の樹立を宣言する。

オランダは独立を阻止するため、英豪の援軍を得て、新政府打倒の軍を進めたが、残留日本兵を含めたインドネシア軍の激しい抵抗にあう。

大戦後の世界では平和を望む気運が高まっており、インドネシアを攻撃するオランダに厳しい目が向けられた。情勢不利と判断したオランダは、一九四九年に共和国と会談して「ハーグ協定」を締結。これにより、インドネシア共和国の成立が正式に宣言されたのである。

敗戦後も東南アジアに残留した日本兵の数

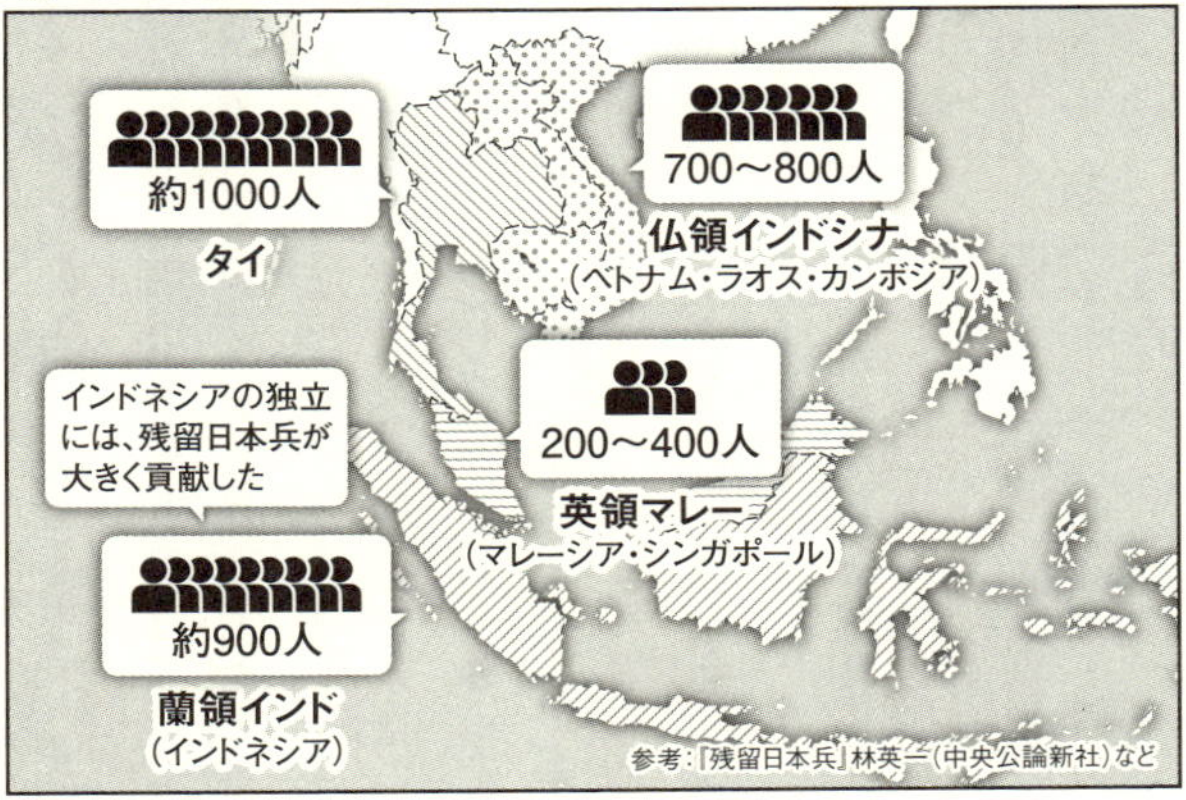

参考：『残留日本兵』林英一（中央公論新社）など

インドネシア独立までの経過

16世紀まで　古代王国が盛衰を繰り返す

↓

1595年　オランダが植民地化する ―― これ以降、約350年にわたりインドネシアはオランダの支配下に置かれた

↓

1942年　日本軍がオランダを撃退する ―― 日本は軍政を敷いたものの、インドネシアの植民地化はしなかった

↓

1949年　インドネシアが独立を達成する ―― 日本軍撤退後、スカルノらが独立運動を展開。残留日本兵も加わってオランダ軍と戦った

ひとくちメモ

インドネシア国民党を結成して独立運動を推進したスカルノは、インドネシア独立後に初代大統領に就任。民族・宗教・共産主義を一体とする「ナサコム体制」を唱え、国づくりを主導した。彼の元第三夫人がタレントのデヴィ夫人。

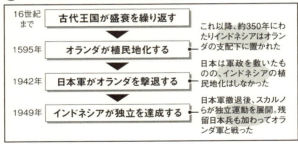

1947年

インドがイギリスから独立

植民地支配から解放されるも、国内の宗教対立が顕在化

イギリスに植民地支配されたインドは、一九世紀後半以降、英女王を皇帝とするインド帝国として直接統治されるようになっていた。第一次世界大戦後に高揚した独立運動は厳しく弾圧され、独立の実現は第二次大戦後の一九四七年まで待たなければならなかった。

独立後は国内の宗教対立が顕在化する。ヒンドゥー教徒とイスラム教徒の溝が埋まらず、イスラム教徒が多数を占める東西の二地域が、パキスタンとして分離独立してしまったのである。

その結果、インドに住むイスラム教徒は迫害をおそれてパキスタンへ、パキスタンのヒンドゥー教徒はインドへと大移動をはじめた。その数一五〇〇万人。

難民は道に溢れ、暴力の連鎖で数十万人が犠牲になったといわれる。非暴力を唱え続けたガンディーも、ヒンドゥー教過激派により独立の翌年に暗殺された。

さらに、カシミール地方でイスラム教徒とヒンドゥー教徒が衝突し、第一次印パ戦争へと発展。イギリスの分断統治は、大きな禍根《かこん》を残したのだった。

インド独立時の混乱

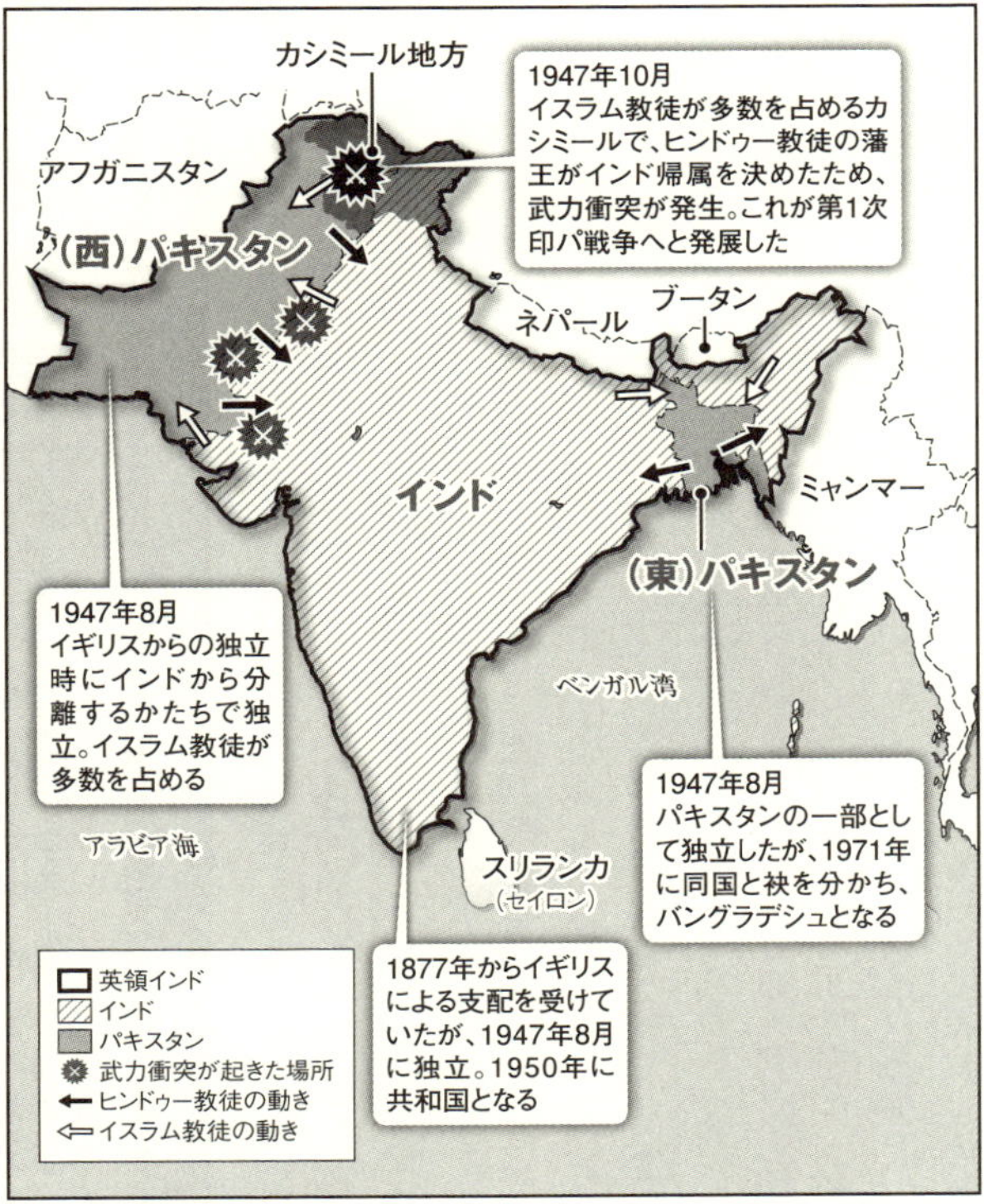
カシミール地方
1947年10月
イスラム教徒が多数を占めるカシミールで、ヒンドゥー教徒の藩王がインド帰属を決めたため、武力衝突が発生。これが第1次印パ戦争へと発展した
アフガニスタン
(西)パキスタン
ネパール
ブータン
インド
ミャンマー
(東)パキスタン
1947年8月
イギリスからの独立時にインドから分離するかたちで独立。イスラム教徒が多数を占める
ベンガル湾
1947年8月
パキスタンの一部として独立したが、1971年に同国と袂を分かち、バングラデシュとなる
アラビア海
スリランカ
(セイロン)
英領インド
インド
パキスタン
武力衝突が起きた場所
ヒンドゥー教徒の動き
イスラム教徒の動き
1877年からイギリスによる支配を受けていたが、1947年8月に独立。1950年に共和国となる

ひとくちメモ

パキスタンは、インド北部を挟み1600キロも離れて東西に分かれていた。宗教以外では民族・言語・文化も異なり、西側が政治・経済の実権を握ったため対立が激化。東側は1971年にバングラデシュとして独立することになった。

1948年

ユダヤ人国家イスラエルの建国

イギリスの〝三枚舌外交〟で、パレスチナは戦後最大の紛争地帯へ

現在に至るまで半世紀以上も争いが続き、まったく解決の糸口が見えないパレスチナ問題。この問題の原点は、一九四八年にユダヤ人国家のイスラエルがパレスチナの地に建国されたことにある。

いまから二〇〇〇年以上前、パレスチナではユダヤ人国家が繁栄していた。しかしユダヤ人は、ローマ帝国によって国を追われ世界中に拡散、流浪の民として辛酸をなめることとなる。

そしてユダヤ人は、自分たちの国家があったパレスチナのシオンの丘に、いつの日にか帰ることを熱望するのである。これを「シオニズム」と呼ぶ。

●イギリスの「三枚舌外交」

ユダヤ人の悲願であるユダヤ人国家建設の機会は、第一次世界大戦のさなかに訪れた。

イギリスはユダヤ人に莫大な戦費の調達を頼み、その見返りとして戦後、パレスチナの地でのユダヤ人国家建設を支持する「バルフォア宣言」を出したのだ。

ユダヤ人はこれを信じ、長年の悲願をかなえるために戦費を援助。さらにユダ

ヤ人兵士の部隊を編成し、戦場の最前線で勇猛果敢に戦った。

ところが、あろうことかイギリスは、バルフォア宣言の陰でアラブ人とも密かに交渉を進めていた。そして、イギリスと敵対するオスマン帝国に対し反乱を起こせば、パレスチナの地にアラブ人国家を建設させるとする密約「フサイン・マクマホン協定」を交わす。

つまりイギリスは、ユダヤ人とアラブ人に対し、相矛盾する約束をしたのだ。

そのうえイギリスは、第一次大戦中の一九一六年には、フランスとロシアとの間で、戦後にオスマン帝国をどう分割するかを秘密裏に協議し、「サイクス・ピコ協定」を結んでいたのだ。

このイギリスの「三枚舌外交」が、中東に悲劇を招いたのである。

●ユダヤ人国家イスラエルの誕生

ユダヤ人の間では祖国建設運動の気運が高まり、世界各地に散っていたユダヤ人のパレスチナ入植が進んだ。

第一次大戦後、パレスチナは国際連盟のイギリス委任統治領とされ、約束を反故《ほご》にされたユダヤ人とアラブ人との争いが起きる。

さらに一九三〇年代、ドイツにヒトラー政権が出現してユダヤ人に対する迫害が強まり、第二次大戦中にユダヤ人の大量虐殺（ショアー）が起こると、パレスチナへのユダヤ人入植は加速し、もはや止めることができなくなった。

一九四七年、イギリスはパレスチナの委任統治を返上して逃げ出してしまう。そこで国連は同年十一月、パレスチナをアラブ人とユダヤ人の独立国家に分割する「パレスチナ分割案」を示した。

同地域の六パーセントしか所有していなかったユダヤ人に、五六パーセントもの土地を与えるという内容だった。

ユダヤ人はこの分割案を受け入れ、翌年五月にイスラエル建国宣言を行なった。しかし、半分以上の土地を奪われたアラブ人はとうてい納得できるはずもなく、即座に周辺のアラブ諸国であるエジプト・イラク・シリア・ヨルダン・レバノンが、いっせいにイスラエルへの武力攻撃に踏み切った。

第一次中東戦争の勃発である。

●第一次中東戦争はイスラエル圧勝――

アラブ連合軍は数万人の兵を投入した。しかし、総司令部をもたないバラバラの侵攻であったため、アメリカの後ろ盾《だて》を得て最新鋭の軍備を有するイスラエル軍には歯が立たず、各地で負け続けた。そして四九年には休戦協定が結ばれ、戦闘はいったん停止した。

この戦争で、イスラエルはパレスチナの八割を占拠し、自国の領土を大幅に拡大した。

一方、それまで住んでいた土地を奪われ、難民となったパレスチナ人は一〇〇万人を超え、国際的な大問題となったのである。

パレスチナの領土の変遷

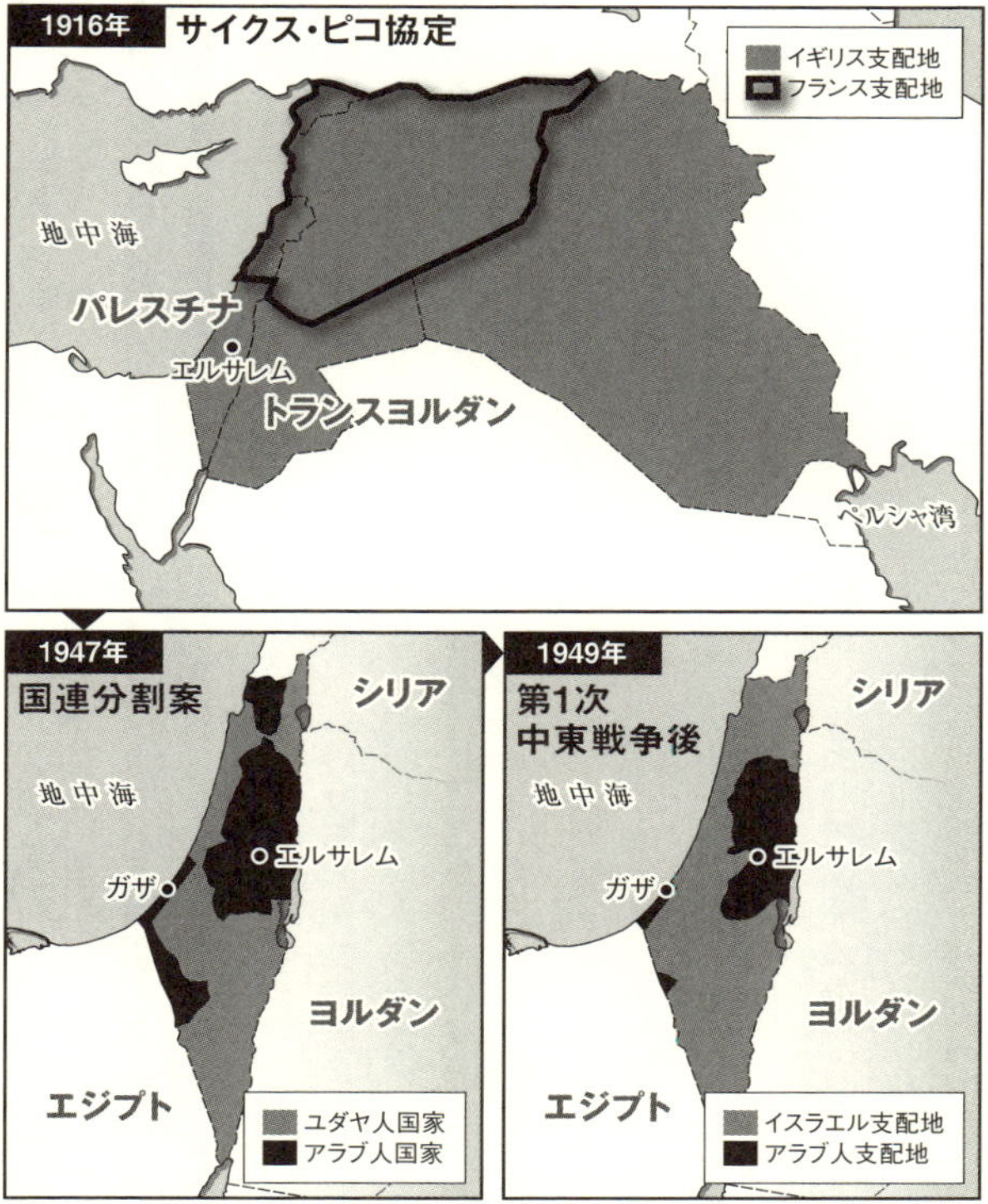

ひとくちメモ

第一次大戦中、オスマン帝国の支配下に置かれたアラブ人の独立を目指し、ゲリラ部隊を組織して戦ったイギリス人将校がいた。その名はトーマス・エドワード・ロレンス。彼が映画でも知られる「アラビアのロレンス」である。

1946年

第一次インドシナ戦争

支配復活を目指すフランスと戦った、ベトナムの独立戦争だったが…

現在、ベトナム・カンボジア・ラオスがあるインドシナ半島東部は、一九世紀末から仏領インドシナとしてフランスに植民地支配され、第二次世界大戦中は日本軍の占領下に置かれていた。

一九四五年、日本軍が敗退すると、大戦中から独立闘争を展開していたホー・チ・ミンがベトナム民主共和国の独立を宣言する。だが、植民地回復を目論《もくろ》むフランスはこれを認めず、両軍は翌年に衝突した。インドシナ戦争の勃発である。

戦力で勝るフランス軍に、ベトナムの民族統一戦線はゲリラ戦で対抗した。そのうち、国共内戦に勝利した中国共産党がベトナム側を援助し、共産主義拡大をおそれたアメリカがフランスを支援したため、インドシナ戦争は複雑な国際問題へと発展していく。

一九五四年、ベトナムはフランスを撤退させ、「ジュネーブ協定」を結んだ。しかし、ベトナムは北緯一七度線を境界として南北に分けられ、北に共産系の北ベトナム（ハノイ政府）、南にサイゴン政府が誕生、別々の道を歩むことになる。

戦前のインドシナ半島

インドシナ戦争の流れ

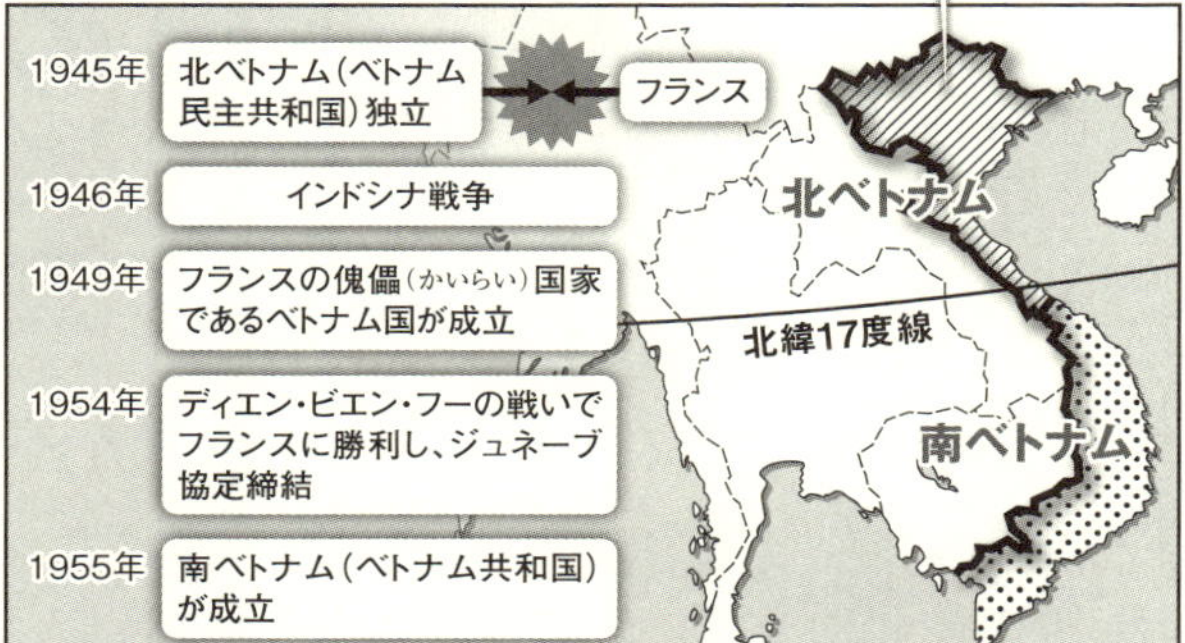

ひとくちメモ

植民地回復に燃えるフランスは最多で55万人を超える兵力を投入したが、その巨額の戦費の約3割は共産主義の南下を防ぎたいアメリカが支援した。その後もアメリカはベトナム全体の共産化をおそれ、ベトナムに介入を続けた。

1949年

中華人民共和国の誕生

内戦に勝利した共産党が「中国」を建国し、国民党は台湾へ

一九四九年、中国共産党によって中華人民共和国が建国された。

第二次世界大戦中、共産党は国民党と連携して抗日戦線を戦っていたが、日本の敗戦後は両党による内戦が勃発、これに勝利した共産党が〝新たな中国〟を樹立したのである。

歴史を遡《さかのぼ》ると、中国では一九一一年に辛亥《しんがい》革命が起こり、中国最後の王朝である清《シン》朝が滅亡、孫文《そんぶん》を総統とする中華民国が建てられた。

しかし、ほどなく軍閥の割拠《かっきょ》する状況となる。孫文率いる国民党は、共産党員を受け入れる国共合作により軍閥を打倒し、全国統一を成し遂げようとした。

その後、両党は時勢に応じて提携と分裂を繰り返すが、一九三七年に日中戦争が勃発すると再び国共合作で対抗する。国民党は孫文に代わって蔣介石《しょうかいせき》が指導し、共産党は指導権を握った毛沢東《もうたくとう》が急速に力をつけていった。

●日本軍の撤退後、再び内戦に

第二次大戦後、日本軍が敗退したのちの中国は荒廃し、混沌《こんとん》としていた。

国民党と共産党は各地で軍事衝突を起こしながらも、戦後の国家建設について協定を結び、合意を得た。しかし一九四六年六月、またもや両党は内戦へと突入してしまうのである。

当初、優位にあったのは国民党だった。国民党は重要都市を占領し、権力強化を強引に進め、兵力でも資金面でも共産党を圧倒していた。しかし、その腐敗ぶりと失政による急速なインフレなどで、徐々に支持を失っていく。

一方、農村部を中心に支持を得ていた共産党は、国民党を見限った都市部の学生や知識人、労働者らを受け入れ、しだいに増力。やがてソ連の支配する東北地方に拠点を移し、猛反撃に出た。

●共産党が勝利し、国民党は台湾へ――

共産党軍は一九四八年九月から翌年一月にかけての「三大戦役《せんえき》」で勝利をおさめ、国民党軍が降伏した北京《ペキン》に無血入城を果たす。四月には南京《ナンキン》から北京へ遷都し、十月一日、毛沢東が中華人民共和国の成立を宣言したのである。

新しい中国は冷戦が激化するなか、「向ソ一辺倒」の政策をとり、ソ連の支援のもとで社会主義国家の建設を目論《もくろ》んだ。

一方、敗れた国民党の要人は台湾へ逃れ、台北《タイペイ》を首都として中華民国の中央政府を移した。そして蔣介石を総統として独裁的な台湾統治をはじめた。

こうして、二つの中国が存在することになったのである。

国共内戦の展開

共産党軍を砲撃する国民党軍
❸ 1948.9
遼瀋戦役が起こる。共産党軍勝利
瀋陽
❻ 1949.1
共産党軍が北京に無血入城を果たす
北京
❽ 1949.10
共産党軍が北京遷都を実施。毛沢東は天安門上で中華人民共和国の成立を宣言する
天津
❹ 1948.11
平津戦役が起こる。共産党軍勝利
❶ 1945.10
日本のポツダム宣言受諾後、蔣介石と毛沢東がトップ会談を実施し、合意が成立する
徐州
❺ 1948.11
淮海戦役が起こる。共産党軍勝利
南京
上海
❷ 1946.6
憲法草案をめぐって蔣介石と毛沢東が対立し、国共内戦が再びはじまる
重慶
❼ 1949.4
共産党軍が揚子江渡河作戦を行ない、南京を陥落させる
❾ 1949.12
台北
内戦に敗れた国民党政府が台湾に移転し、蔣介石が独裁を継続

国民党		共産党
 蔣介石	指導者	 毛沢東
南京→台湾（台北）	拠点	北 京
当初はアメリカの援助を受けて優勢に戦いを進めた。しかし、経済の混乱や党内の腐敗によって国民からの支持を失い、1949年初頭の頃から共産党軍に圧倒されるようになった	内戦の経過	毛沢東の指揮のもとで土地改革などを行ない、農民を中心とした民衆の支持を獲得。その一方で、ゲリラ戦で国民党軍に対抗し、しだいに巻き返しを図る。最終的には国民党を本土から追い払った

ひとくちメモ

冷戦は中国の内戦にも大きな影響を与えた。ソ連の支配する東北地方で、共産党は旧日本軍の大量の武器弾薬などを譲り受けた。一方、アメリカは直接的な介入を避けつつも、国民党に20億ドル近くの武器を援助していた。

1950年

朝鮮戦争の勃発

日本支配から解放されてはじまった南北の激戦の結果、分断国家となる

朝鮮半島は一九一〇（明治四十三）年から日本の植民地支配を受け、四五（昭和二十）年八月十五日の日本の無条件降伏後も完全な解放はなされなかった。

それどころか、激化する東西冷戦に巻き込まれ、さらなる戦火に包まれることとなったのである。

日本が朝鮮半島から去ると、北からソ連が進軍して半島北部を占領する。

ソ連勢力が朝鮮半島全域に広がるのをおそれたアメリカは、ソ連に対して北緯三八度線を境界とする分割占領を提案。これにより、半島は南北に分断占領されてしまったのである。

●大韓民国と北朝鮮の誕生

その後、南北はそれぞれ別の歩みをはじめた。北では、ソ連の支援を受けた金《キム》日成《イルソン》の抗日パルチザン勢力が力を握り、北朝鮮労働党と名を改め、ソ連を手本とする一党独裁体制を目指した。

一方、南ではさまざまな勢力が活動を続けるなか、アメリカが国連の支持をとりつけて選挙を強行。そして一九四八年八月、反共を唱える李承晩《イスンマン》を大統領とし

て大韓民国が樹立され、アメリカ型の大統領制国家が創られた。

このとき、南北分裂選挙に反対する民衆の蜂起は、アメリカ軍などに激しく弾圧された。

これを受けた北では、ソ連の支援のもとで選挙が行なわれ、翌九月に朝鮮民主主義人民共和国の成立が宣言された。

朝鮮半島の南に大韓民国（韓国）、北には朝鮮民主主義人民共和国（北朝鮮）。――分断国家の誕生である。

●米ソに支援されての攻防戦――

ソ連の軍事援助を受ける北朝鮮は一九五〇年六月、社会主義による朝鮮半島統一を目指して南進を開始した。当然、韓国と衝突し、ここに朝鮮戦争が勃発する。

北朝鮮軍の兵力は一三万五〇〇〇人で、韓国軍の九万五〇〇〇人よりはるかに多い。戦車や戦闘機などはソ連から得ており、軍備でも優位に立っていた。

韓国軍は総崩れとなり、開戦から三日後には首都ソウルの陥落を許してしまう。さらに一ヵ月後には半島南端まで追い詰められ、残るは釜山《プサン》周辺のみという危機に瀕した。

しかし、ここでアメリカが韓国を後押しする。アメリカは、国連安保理に働きかけて国連軍の派遣を決め、マッカーサーを最高司令官に任じた。

ソ連は北朝鮮への援助を密かに続けながら、米ソの直接対決を避けるため表向きは不介入の立場をとり、拒否権をもつ安保理を欠席していたのだ。

●アメリカの反撃

アメリカ軍を中心とする国連軍が朝鮮半島へ上陸すると、戦況は一気に逆転する。北朝鮮軍を北へ押し戻し、韓国軍とともに北まで攻め入ったのである。さらに中国との国境にまで迫って、北朝鮮を制圧しそうな勢いをみせる。

しかし、今度は中国が黙っていなかった。中国は迫りくる国連軍を自国への脅威と捉え、国境を越えて攻撃に出た。そして北朝鮮軍とともに首都平壌《ピョンヤン》を奪回し、南へと進んだのである。

その後、戦局は一進一退をたどり、やがて北緯三八度線あたりで膠着《こうちゃく》状態になった。マッカーサーは中国本土攻撃を主張したが、西欧諸国は即時停戦を求め、国連で停戦の決議案が出された。

●休戦協定で分断が固定化

一九五一年からはじまった北朝鮮と中国、そして国連による休戦会談は難航した。戦闘が続くなか、断続的に会談が開かれ、五三年七月にようやく休戦協定が調印されたのである。

これにより、北緯三八度線を境界とした朝鮮半島の分断は固定化され、一〇〇〇万もの家族が南北に引き裂かれた。

国際的には中国の参戦で米中対決が鮮明となり、冷戦の舞台がヨーロッパからアジアへと拡大し、睨み合うだけでなく実際に戦火を交える〝熱戦〟が局地的に起こることとなったのである。

朝鮮戦争の経過

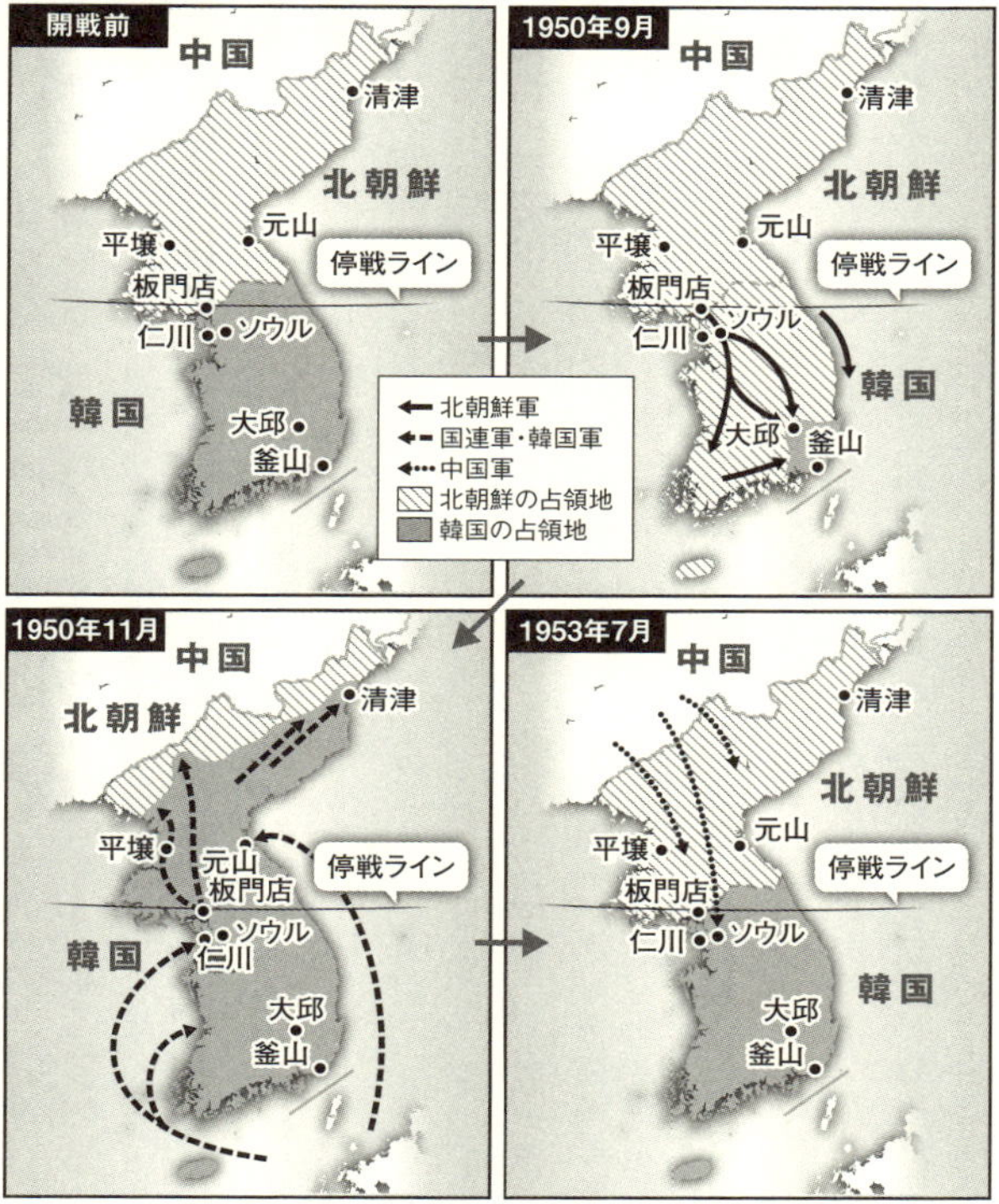

ひとくちメモ　国連軍は最高時50万人を超え、補給基地となった日本では大量の軍需品が生産・輸出され、車両の修理なども行なわれた。この「朝鮮特需」により、日本経済はV字回復。間接特需まで含めると1953年までに計24億ドルにのぼった。

1951年

日本の独立と日米安保条約

占領が解かれた日本は、西側の軍事基地としての役を割り振られる

朝鮮戦争により東アジア情勢が緊迫の度を高めると、アメリカを中心とする西側陣営は、東側陣営を封じ込めるために日本を独立させようと動いた。

一九五一（昭和二十六）年九月八日、日本と連合国はサンフランシスコ平和条約を結び、GHQ占領統治下にあった日本は独立を回復。同日、日米安全保障条約も締結され、極東の平和のためにアメリカ軍が日本に駐留すると決まった。

アメリカとしては、日本に軍隊を駐留させてソ連や中国を牽制したい。日本も安全保障をアメリカに任せ、経済復興を進めたい。――お互いの利害関係が一致しての条約締結だった。

しかし日本国内では不満が高まり、一九六〇（昭和三十五）年の改定に至る。その際もアメリカ従属と戦争反対を訴える学生・市民らの安保闘争が高揚した。

また、朝鮮戦争にアメリカ軍の多くが戦地へ送り込まれると、GHQは方針を転じ、非武装化した日本に「警察予備隊」を新設。これが「保安隊」を経て一九五四年に陸空海の「自衛隊」に発展した。

安保条約によって設置されたアメリカ軍基地

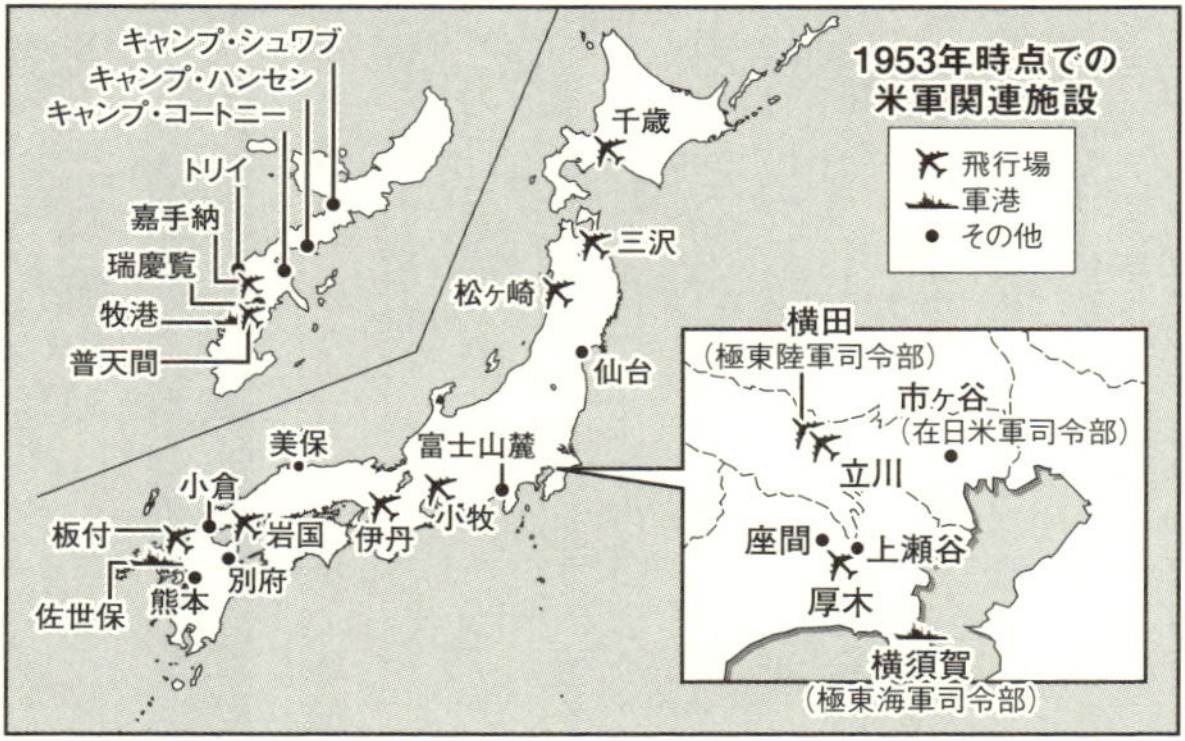

自衛隊の誕生

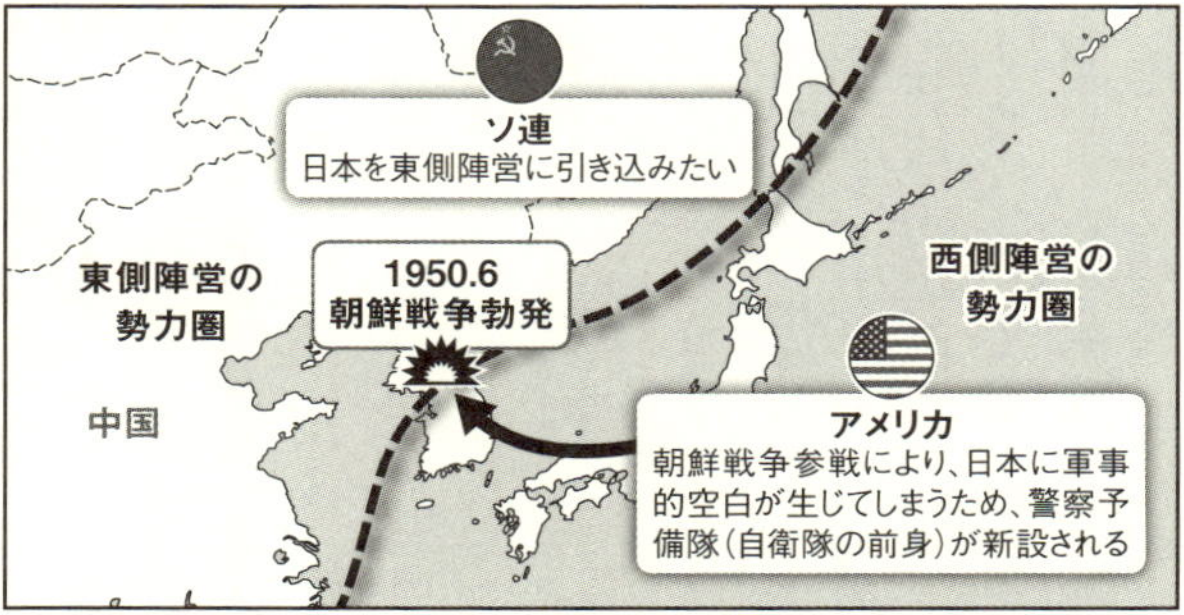

ひとくちメモ

サンフランシスコ平和条約は、アメリカ中心の西側自由主義陣営48ヵ国と日本が締結した講和条約。ソ連など会議に出席した東側諸国は調印せず、ソ連との国交回復は1956年の日ソ共同宣言まで待たなければならなかった。

1952年

「李承晩ライン」の設定

突如、海上境界線を設けて「竹島」を実効支配した、韓国の初代大統領

日本と韓国のあいだでは竹島（韓国名は独島《ドクト》）の領有権問題が懸案となっている。この竹島問題のきっかけをつくったのが、韓国の初代大統領李承晩《イスンマン》である。

第二次世界大戦後、GHQによって策定された「マッカーサー・ライン」では竹島は日本の行政管轄外とされたが、一九五一年にサンフランシスコ平和条約が結ばれると、一九〇五（明治三十八）年の閣議決定で島根県に編入されていた竹島も日本の領土に復帰した。

しかし一九五二年、李承晩は国防と資源保全を名目として、竹島を含む海域に「李承晩ライン」と呼ばれる境界線を設置。五四年には警備隊を配備し、監視所や灯台なども設け、境界線を越えた日本の漁船を次々に拿捕《だほ》したのである。

韓国側の主張は、サンフランシスコ平和条約で、日本は植民地支配していた朝鮮半島などとともに独島の領有権も放棄したはずだというのだ。

当時、日本と韓国は国交正常化を進めていたが、この問題が足枷《あしかせ》となり交渉は難航を極めた。

李承晩が勝手に引いた海上境界線

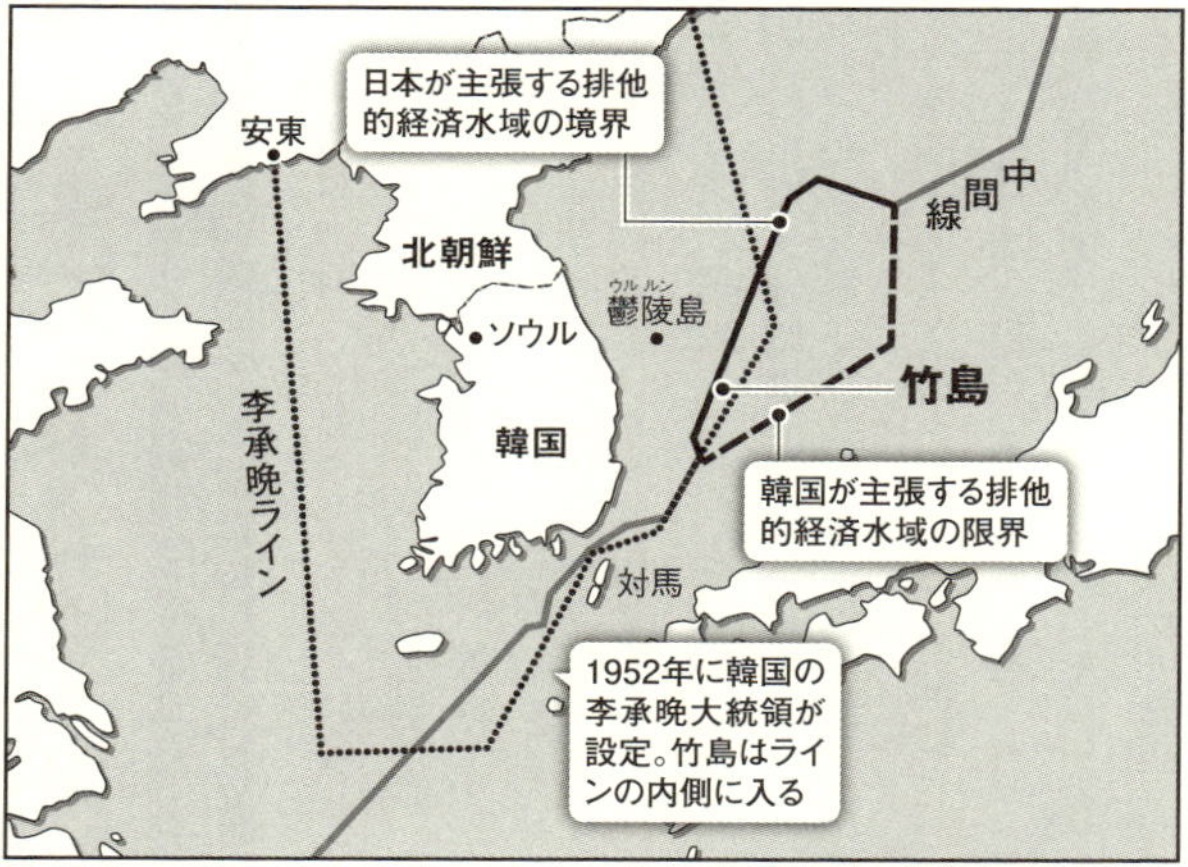

竹島の風景
現在、竹島は韓国に実効支配されており、韓国軍が駐留して部外者の侵入を防いでいる

李承晩
韓国の初代大統領。独裁政治を行ない、国民の反感をかった

ひとくちメモ
竹島は大小二つの島と周囲の岩礁《がんしょう》からなり、総面積は0.21㎢しかない。周辺ではアワビやサザエなどが獲れる。1965年の日韓基本条約で国交が正常化すると李承晩ラインは廃止されたが、韓国の竹島実効支配は続いている。

1955年

第一回「AA会議」の開催

東西冷戦下、アジア・アフリカの〝第三世界〟が「平和十原則」を提唱

一九五五年四月、インドネシアのバンドンにおいて二九ヵ国による、第一回「アジア・アフリカ（AA）会議」が開かれた。アジアとアフリカの国だけによる史上初の国際会議で、日本も参加した。

第二次世界大戦後、列強に植民地支配されていた国・地域は、次々に独立を果たした。

一九四四年から六四年の二〇年間に、アジアでは二〇、アフリカでは三三、合計五三ヵ国が新たに誕生した。

こうした国々は冷戦構造のなかで戦争に巻き込まれる危機感を募らせ、積極的に中立の立場をとろうと模索していた。

そこで、インドのネルー首相、中国の周恩来《しゅうおんらい》首相、インドネシアのスカルノ大統領が各国の意見をまとめ、領土主権の尊重、相互不侵略、内政不干渉、平等互恵、平和共存、基本的人権と国連憲章の尊重、植民地主義への反対、生活水準の向上からなる「平和十原則」を採択、植民地主義と冷戦を批判したのである。

東西いずれの陣営にも属さない第三勢力からの提言に、世界の注目が集まった。

独立を果たしたアジアの国々

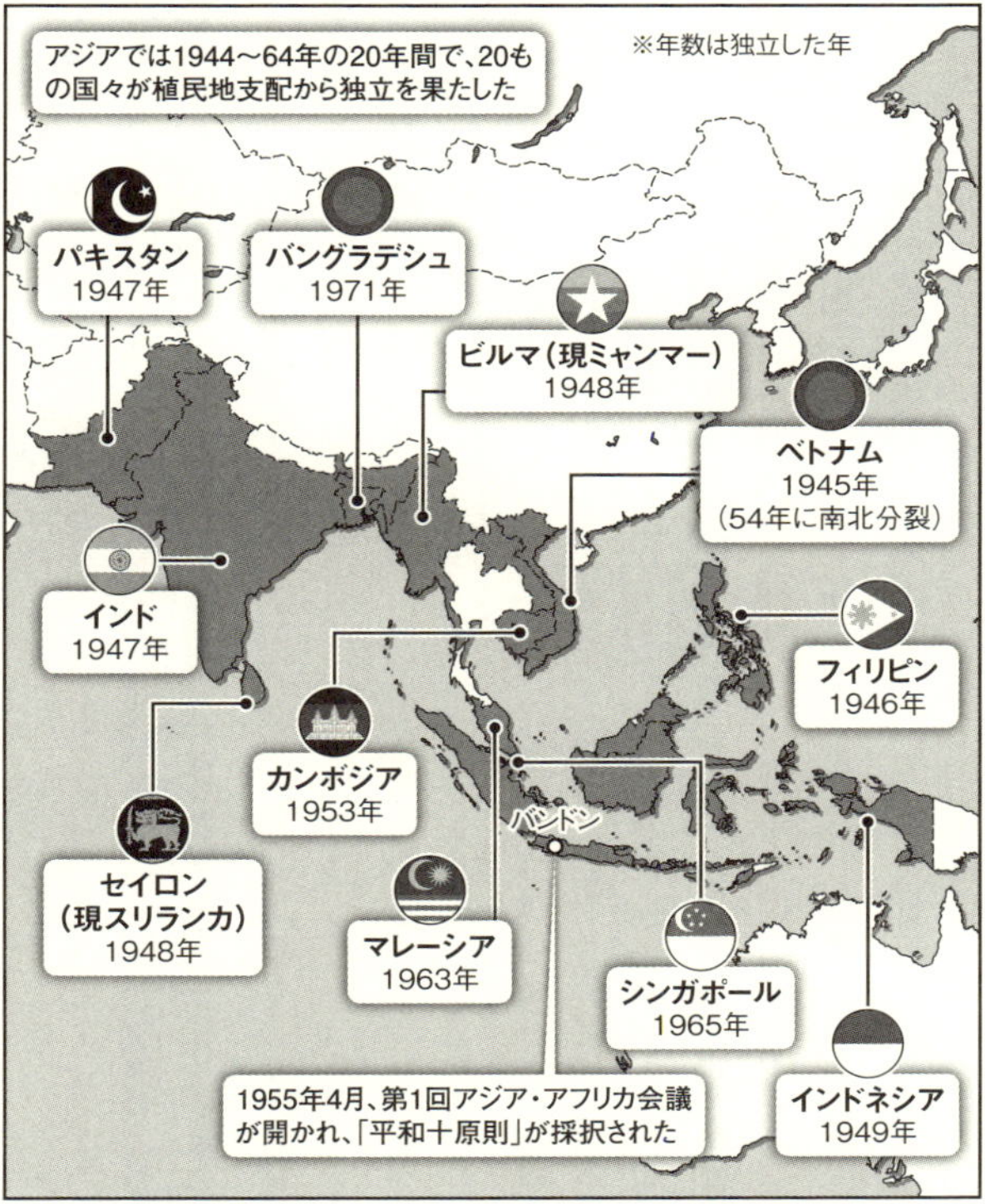

ひとくちメモ

インド初代首相のネルーは、親日的な人物としても知られる。終戦直後、東京・台東区の子どもたちが「象を見たい」という手紙を出すと、1949年9月に上野動物園へ「インディラ」という1頭のインド象が贈られてきた。

1956年

「第二次中東戦争」勃発

スエズ運河を国営化したエジプトに対し、英仏とイスラエルが侵攻

イスラエル建国に端を発するイスラエル対アラブ諸国の中東戦争は、一九五六年に再び繰り返されることになった。

震源地はエジプトである。一九四八年の第一次中東戦争（→52ページ）後、エジプトでは革命に成功したナセルが王政を廃し、大統領の地位についた。

五六年、ナセルがスエズ運河の国有化を宣言すると、スエズ運河の権益を握り続けていた旧宗主国のイギリスが猛反発。フランスとイスラエルとともに対エジプト共同参戦を決めた。

まずイスラエルがエジプトに侵攻すると、英仏もそれに続き、イスラエルがシナイ半島を、イギリスとフランスが運河地帯を占領した。これが第二次中東戦争、別名「スエズ戦争」である。

これに対し、アメリカとソ連はイギリス側の行動に同調せず、国連の決議でエジプトからの撤退を迫ると、三ヵ国は侵攻から一週間で撤退を決めた。

こうしてイギリスが権益と戦費を失う一方、ナセルはアラブ世界の英雄となったのである。

スエズ運河の重要性

第2次中東戦争の展開

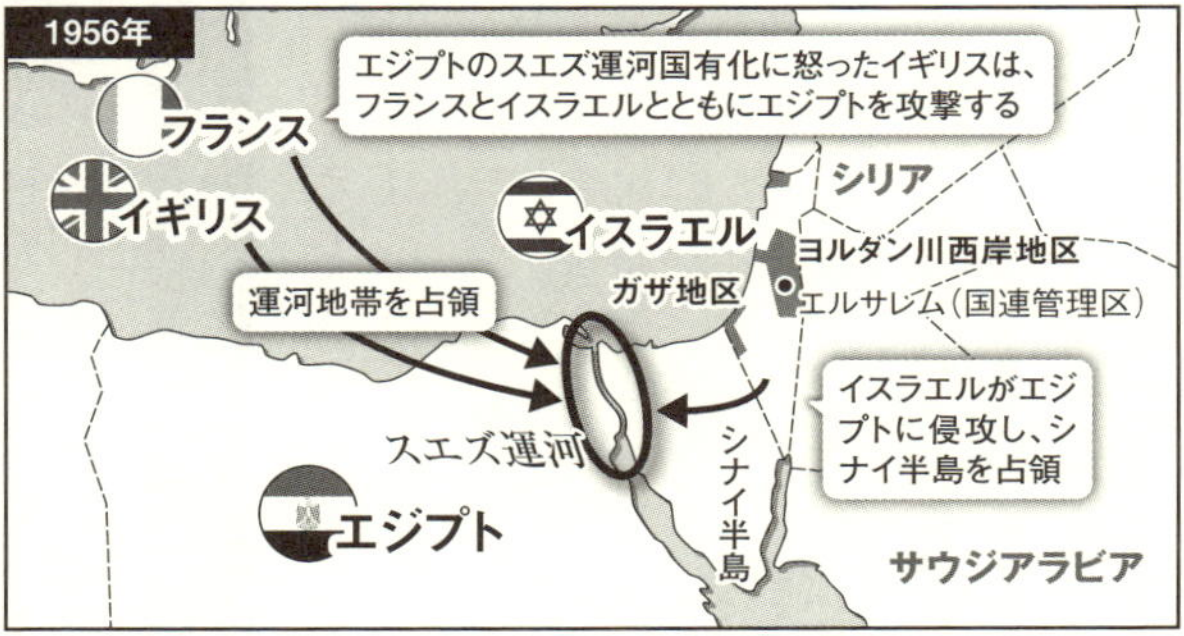

ひとくちメモ

ナセルは士官学校を卒業して軍人となり、政治家への道へ進んだ経歴の持ち主。アラブ世界初の農地改革を行ない、英仏の侵攻に徹底抗戦するなど、アラブ世界では高い評価を受けた大統領だった。

1963年

イランの「白色革命」

国王による急激な〝脱イスラム〟の近代化政策で国は発展したが…

イランでは第一次世界大戦後に、新王朝のパーレビ朝が建てられ、国名がペルシャからイランに変わった。そして脱イスラム化による近代化が進められた。

第二次大戦では連合国に協力。石油利権をめぐる紛争ののち、一九五三年に実権を取り戻した二代目の国王パーレビ（パフラビー）は独裁体制をかため、六三年から急激な近代化・西洋化を強行した。いわゆる「白色革命」である。

白色革命では農地改革や女性の地位向上、教育の普及などを推進すると同時に、豊かな石油資源を元手に欧米の技術を導入して工業化を急いだ。さらにイランは東側陣営に隣接していることからアメリカの支援を受け、軍備増強も行なった。

その結果、イランは大きく発展したが、イスラム教を近代化の妨げとして世俗化を進めたため、伝統的なイスラム共同体が破壊されてしまう結果となった。

また、貧富の差や都市と農村の格差が拡大、腐敗も蔓延するなどしたため、国民の不満がしだいに高まり、イラン社会は大いに荒れていったのである。

パーレビ（パフラビー）国王の独裁

1953年　**軍部クーデターによって、パーレビ国王が実権を握る**

パーレビ国王

1963年　**パーレビ国王による白色革命がはじまる**

近代化政策

・農地改革を実施し、欧米の技術を導入して工業化を図る
・女性の地位向上、教育の普及を推進する
・アメリカの支援を受けて軍備増強を進める

世俗化（脱イスラム化）政策

・イスラム指導者を迫害する（イスラム法学者ホメイニ師を逮捕）
・モスク（イスラム寺院）を破壊する

▼

メリット

工業化が進み、都市部は豊かになる

デメリット

・伝統的なイスラム共同体が破壊される
・貧富の差が拡大し、政治の腐敗も蔓延する

▼

国民の不満が鬱積し、イラン社会が荒れていく

ひとくちメモ

白色革命のなかでイスラム共同体の復興を唱えたホメイニ師は、国王を批判したために1962年に逮捕、64年には国外に追放された。しかし、亡命生活のなかでも国王批判を続け、反体制運動のシンボルとなった。

1967年

「第三次中東戦争」勃発

またもやイスラエルの勝利で、パレスチナのほぼ全域を手中におさめる

第二次中東戦争（→70ページ）後、イスラエルは比較的安定したが、パレスチナの地を占領されて難民となったアラブ人の問題は解決しないままだった。

そうしたなか、一九六四年にパレスチナの解放を求めて、「パレスチナ解放機構（PLO）」が創設された。現在の自治政府の母体となった組織で、イスラエルと武力衝突を繰り返した。

その一方で、エジプトはイスラエルと戦うシリアを支援するためにアカバ湾を封鎖した。これに対し、イスラエルは六七年六月に奇襲をかけた。第三次中東戦争の勃発である。

一気に攻め込まれたエジプトは太刀打《たちう》ちできず、戦いはわずか六日でイスラエルの圧倒的勝利で終わる。

その結果、イスラエルはヨルダン領のヨルダン川西岸地区、エジプト領のガザ地区とシナイ半島全域、さらにシリア領のゴラン高原までも占領した。

こうしてイスラエルはパレスチナ全域を手中におさめ、さらに膨大なパレスチナ難民を生み出したのである。

1960年代の中東情勢

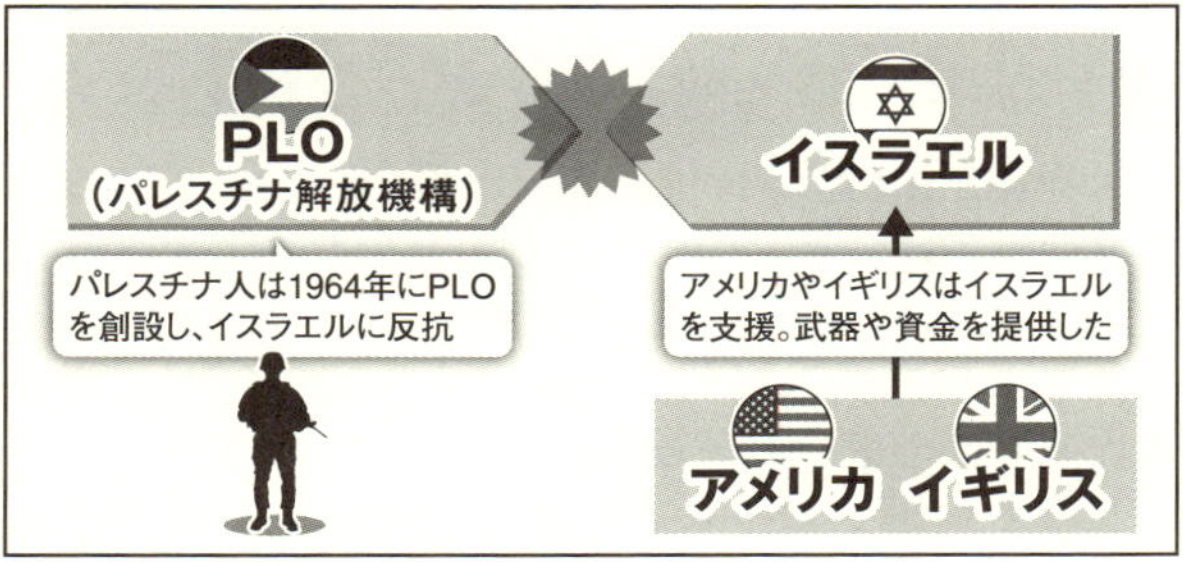

第3次中東戦争後の領土

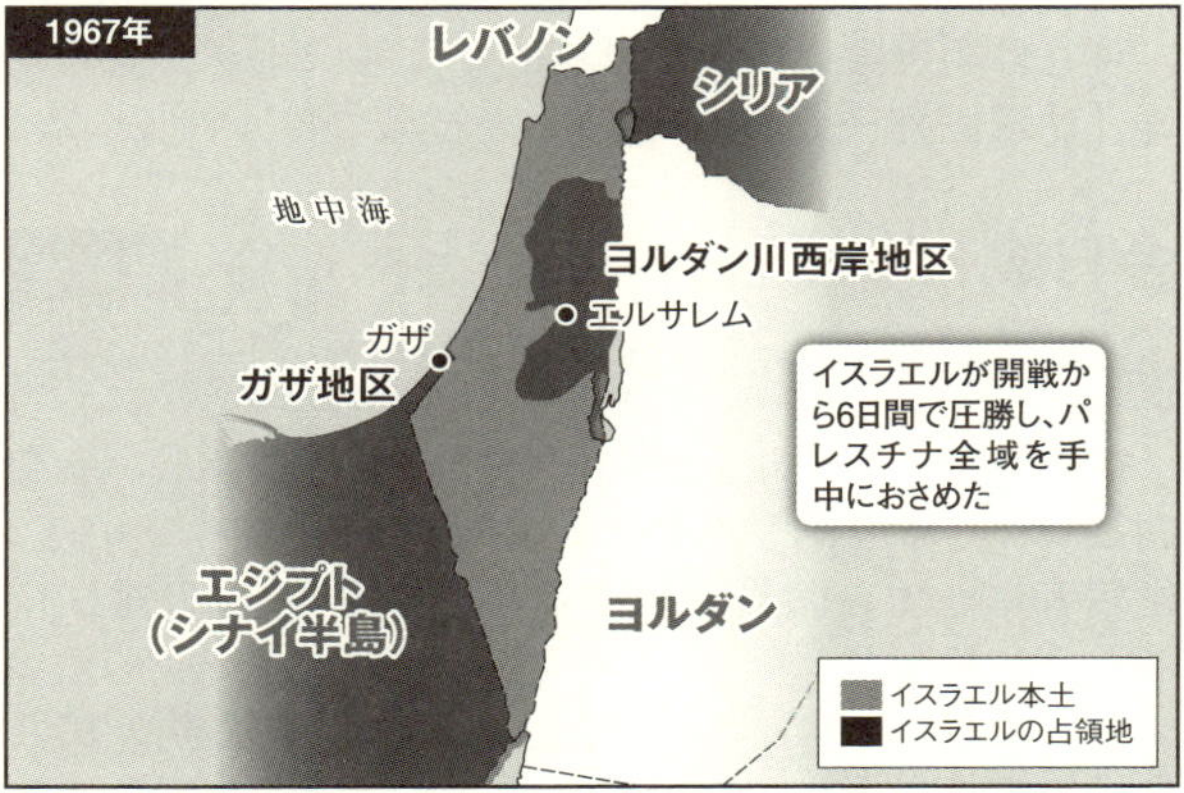

ひとくちメモ

PLOが活動の拠点としていたのは隣国のヨルダンだった。ただし、ヨルダン元首のフセイン1世は過激な活動に冷ややかで、1970年に彼らを追放する「黒い九月事件」を企て、メンバーはヨルダンの地を追われた。

【COLUMN】戦後世界史のキーパーソン③

毛沢東《もうたくとう》

中国

大きな誤りも犯した建国の英雄

世界第2位の経済大国となり、国際社会での存在感を高める中国。その中国を建国したのが毛沢東だ。

1921年の中国共産党創立に参加し、蔣介石《しょうかいせき》率いる国民党との内戦に勝利した毛沢東は49年10月、中華人民共和国の成立を宣言した。

しかしソ連と対立後、独自の社会主義建設路線に走ってしまい、「大躍進政策」や「文化大革命」などの失策で国の発展を大いに遅らせた。

現在は毛沢東について批判的な人もいるが、党からは「功績が第一、誤りが第二」と位置づけられている。

金日成《キムイルソン》

北朝鮮

現在の北朝鮮“金王朝”の創始者

核開発やミサイル実験で国際社会を騒がせている北朝鮮は、“金王朝”の支配のもとに成り立っている。創始者は、現在の最高指導者である金正恩《ジョンウン》の祖父にあたる金日成だ。

金日成は、1948年に成立した朝鮮民主主義人民共和国の実権を握り、ソ連の支援を受けて朝鮮戦争を戦う。その後、独自路線をとったため、北朝鮮は国際的に孤立し、経済は崩壊、国民は困窮することに。金日成は94年に死去したが、息子の金正日《ジョンイル》が後継者となり、体制は維持された。

第3章

社会主義勢力の台頭と変化

スターリンの死後、米ソ関係に翻弄される世界

年	出来事
1956年2月	フルシチョフがスターリン批判を展開
1956年6月	ポーランド暴動（ポズナン〈ニ〉暴動）
1956年10月	ハンガリー動乱
1960年	アフリカ17ヵ国が独立。「アフリカの年」
1960年代	中ソ対立が深刻化
1962年10月	キューバ危機が起きる

一九五三年、ソ連の独裁者スターリンが死去すると、後継のフルシチョフは非スターリン化へと転換、アメリカとの平和共存路線を模索しはじめた。この米ソの歩み寄りにより、朝鮮戦争で〝熱戦〟に発展した冷戦構造に変化が起きる。

ただ、その一方で軍拡競争は加速していった。第二次世界大戦中に原爆開発でおくれをとったソ連は国をあげて核開発を急ぎ、一九五七年には大陸間弾道ミサイル（ＩＣＢＭ）の発射実験に成功。この時点でアメリカを追い抜いた。数千キロも離れたところから敵国の中枢を射程におさめられるミサイルが開発されたことにより、核の脅威はさらに高まった。

六〇年代には、米ソとも相手国を全滅させて余りあるレベルまで核兵器を保有するに至るのだ。

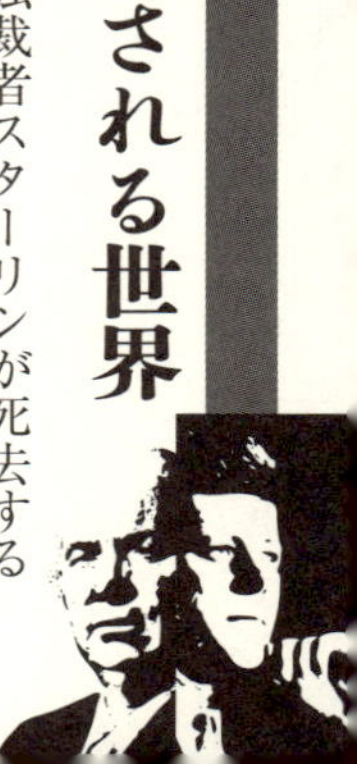

1963年11月	ケネディ大統領が暗殺される
1965年2月	米軍がベトナムで北爆開始
1966年8月	文化大革命はじまる
1967年7月	EC発足
1968年	プラハの春
1968年5月	パリ五月革命
1969年3月	中ソ国境紛争勃発
1969年	IRAの活動が活発になる

そして一九六二年、キューバ危機が起こると、核戦争の恐怖に世界は凍りついた。人類滅亡のシナリオが現実のものとして意識され、米ソは核戦争を起こさないように、軍事的に均衡《きんこう》した状態で衝突を避ける道を模索しはじめる。

大戦後に東西に分割されたベルリン問題についても、米ソ首脳による直接会談がなされたが、協議は決裂。西ベルリンへの市民の脱出が激増すると、東ドイツは東西の境界線にベルリンの壁を築いた。

アジアでは、ベトナム戦争でアメリカが撤退に追い込まれた。建国以来初の敗北に、アメリカの威信は大きく傷ついた。

また、中国では毛沢東《もうたくとう》による文化大革命が国内に大きな混乱をもたらす一方、ソ連の平和共存路線に対する激しい非難が行なわれ、中ソ関係は修復不可能な状態になってしまった。

1956年

フルシチョフの「スターリン批判」

ソ連の最高指導者が明かす、「亡き独裁者」の数々の蛮行

ソ連は第二次世界大戦後、最高指導者スターリンのもとで東欧諸国を共産主義陣営に組み込み、勢力拡大に成功した。しかし、一九五三年にスターリンが死亡すると、わずか三年でその独裁政治への批判が巻き起こった。

発端は、一九五六年のソ連共産党第二〇回党大会でのフルシチョフ第一書記長による「秘密演説」だった。

それによると、冷酷で異様に猜疑心《さいぎしん》が強いスターリンは、意に沿わない人物を徹底排除し、秘密警察による連行・拷問・処刑を日常的に行なっていたという。

たとえば一九三四年の第一七回党大会で選ばれた委員・委員候補一三九人のうち九八人、代議員一九五六人のうち一一〇八人までを逮捕・処刑した。

フルシチョフは、こうしたスターリンの大粛清《しゅくせい》を批難、さらに彼に対する個人崇拝は間違っていると主張したのだ。

フルシチョフはスターリン批判を行なう一方、西側と共存を目指す平和共存政策を発表。従来の路線からの大転換により、冷戦は一時的な〝雪解け〟となった。

フルシチョフのスターリン批判とその影響

スターリン

独裁
ソヴィエト政権を樹立したレーニンの死後、最高指導者となって独裁体制を確立。第二次世界大戦を戦ったり、東欧に社会主義政権を築いたりした

個人崇拝
スターリンとその著作に対する共産圏での崇拝が極端に行なわれ、神格化されるまでになった

大粛清
政治家・官吏・軍人、さらに一般市民に至るまで、反対派・批判者を徹底的に粛清した。犠牲者は800万～1000万人ともいわれる

↑ 1956年2月、第20回党大会で批判

フルシチョフ

スターリン批判
スターリンは我がままで冷酷無比な人間。彼の行なった血の粛清はいきすぎであり、個人崇拝は改められるべきである！
※スターリン批判の一方、西側陣営との平和共存政策を発表。1959年には訪米も果たした

↓

世界中に衝撃を与える

↓

西側諸国
一時的に緊張がやわらぎ、雪解けムードが生じる

東欧諸国
暴動が発生し、スターリン像が引き倒される

ひとくちメモ
スターリン死亡のニュースが世界を駆けめぐると、世界秩序崩壊への不安から株が売られ、各国の株式市場が暴落した。これは「スターリン暴落」と呼ばれ、東京証券取引所では10パーセントの下落率を記録した。

1956年

東欧諸国の動乱

「スターリン批判」によって、ソ連衛星国の結束にほころびが…

ソ連の〝衛星国〟としてその強い影響下に置かれていた東欧諸国は、フルシチョフのスターリン批判（↓80ページ）によって大きく動揺した。その結果、東側陣営の結束にほころびが生じはじめる。

ポーランドでは一九五六年六月に激しい暴動が起こった。西部の都市ポズナン（ニ）の工場の労働争議が、一般市民を巻き込んで一〇万人規模の暴動へと発展したのである。刑務所・裁判所・公安局などが襲撃されて軍隊まで投入され、三日間で七〇人以上の死者が出た。

この動乱をソ連は武力で鎮圧したが、ポーランド政府は国民懐柔《かいじゅう》策をとって自由化へと進んだ（「十月革命」）。

一方、ハンガリーでは学生・労働者・市民のデモが地方にまで広がった。親ソ派首相は退陣し、改革派が民主化を進めようとしたが、ソ連は「ワルシャワ条約機構」からの脱退宣言を容認せず、戦車で侵攻し、ブダペストを占拠。三〇〇〇人の死者、二〇万人の難民を出した。

これ以降、ハンガリーは再びソ連の強い影響下に置かれることとなった。

東欧諸国での動き

東ベルリンから西ベルリン経由で亡命する東ドイツ人が増加し、1961年にベルリンの壁が建設される
ポズナン(ニ)の暴動が全国に波及するが、ソ連が武力で鎮圧する
ソ連
東ドイツ
ポーランド
民主化運動が起きるが、ソ連が武力介入。指導者が処刑される
西ドイツ
チェコスロバキア
オーストリア
ハンガリー
ルーマニア
スロベニア
黒海
ユーゴスラビア
ブルガリア
イタリア
マケドニア
アルバニア
地中海
ギリシア

ŻADAMY CHLEBA

ポーランドでの暴動。労働者たちが「パンをよこせ」と書かれたプラカードを掲げて行進している

ハンガリーの暴動に対しては、ソ連が軍隊を出動して鎮圧を図り、首都ブダペストを制圧した

ひとくちメモ

共産主義陣営の各地に建てられたスターリンの銅像は、個人崇拝の象徴であり、非スターリン化とともに消えていった。1956年10月のハンガリーの首都ブダペストでのデモでは、一般市民が銅像を引き倒して破壊した。

1958年

中国の「大躍進政策」開始

中ソ対立のなか、毛沢東が打ち出した「現実離れした目標と手法」

フルシチョフのスターリン批判（↓80ページ）は、中ソの蜜月を終わらせた。中華人民共和国は建国以来、ソ連を手本とする国づくりを進めており、スターリン批判を受け入れれば毛沢東《もうたくとう》の独裁批判にもつながりかねない。そこで中国がフルシチョフの平和共存路線を批判したため、中ソ対立へとつながったのである。

そうしたなか、毛沢東は国内で「百《ひゃっ》花斉放《かさいほう》・百家争鳴《ひゃっかそうめい》」を提唱して知識人に自由な発言を求めたが、批判が噴出すると右派分子として粛清《しゅくせい》した。そして一九五八年には、独自の社会主義建設に向けて「大躍進政策」を開始する。

毛沢東は「欧米に追いつき、追い越せ」を国家目標とし、工業では鉄鋼の大増産を図り、農業では農村に人民公社を組織して、集団生産・集団生活を進めた。

しかし、現実離れした目標と手法で生産力は激減、さらに大干ばつの影響で国土は荒れ果て、数千万ともいわれる餓死者を出してしまったのである。

ソ連の援助を失い、大躍進に失敗した毛沢東は、自ら国家主席の座を降りた。

中国「大躍進政策」の展開

スローガン

欧米に追いつき、追い越せ!

工業と農業の急速な増産を目論む

工業

鉄鋼の大増産を図ったが、原料の確保が難しく、また土法炉という非近代的な炉を用いたため、粗悪な鉄しか生産できなかった

鉄鋼生産に用いられた前近代的な土法炉

農業

農村に人民公社をつくって集団生産・集団生活を進めた。しかし、農業技術の拙さ、農民の生産意欲減退などにより成果は上がらなかった

激増する人民公社（1958年）

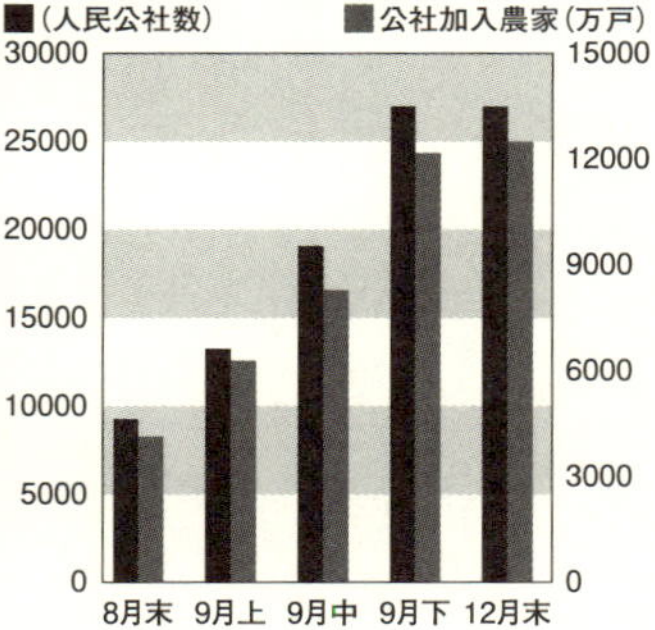

現実離れした目標と手法で生産力は激減、大干ばつの影響もあり、数千万人が餓死

大躍進運動は失敗に終わり、毛沢東は国家主席の座を降りる

ひとくちメモ

「百花斉放」とは多くの花が一斉に咲くこと、つまり文学・芸術分野でさまざま人が活発に活動することを意味する。「百家争鳴」は思想・学術の多くの派が自由に論じることを指す。古代中国の諸子《しょし》百家《ひゃっか》に由来する言葉である。

1960年

「アフリカの年」

列強の植民地支配から脱し、独立・建国ラッシュとなったが…

アフリカは一九世紀末から二〇世紀にかけて西欧列強によって分割され、植民地支配に苦しんだ。そのアフリカにも独立の波が及び、一九五〇年代末から六〇年代半ばに次々と新しい国が誕生した。

一九五七年にイギリスからガーナが、翌年にはフランスからギニアが独立すると独立運動は一気に加速。六〇年には一七もの国が誕生し、「アフリカの年」といわれた。その後、アルジェリアと旧宗主国フランスとのあいだで独立戦争が起こるなど流血の惨事もあったが、六〇年代にほとんどの国が独立を果たした。

さらに一九六三年には、南アフリカ共和国などを除く独立国三一ヵ国が「アフリカ統一機構（ＯＡＵ）」を創設した。アフリカの統一・自立・発展を目指し、連携を図ったのである。

しかし独立した国々が、多様な部族・文化を無視した植民地の境界線を国境として受け継いだことにより、国内対立や内戦を招いた。コンゴ内戦やナイジェリアのビアフラ戦争などである。また、経済的困窮も不安定要因として残された。

独立を果たしたアフリカの国々

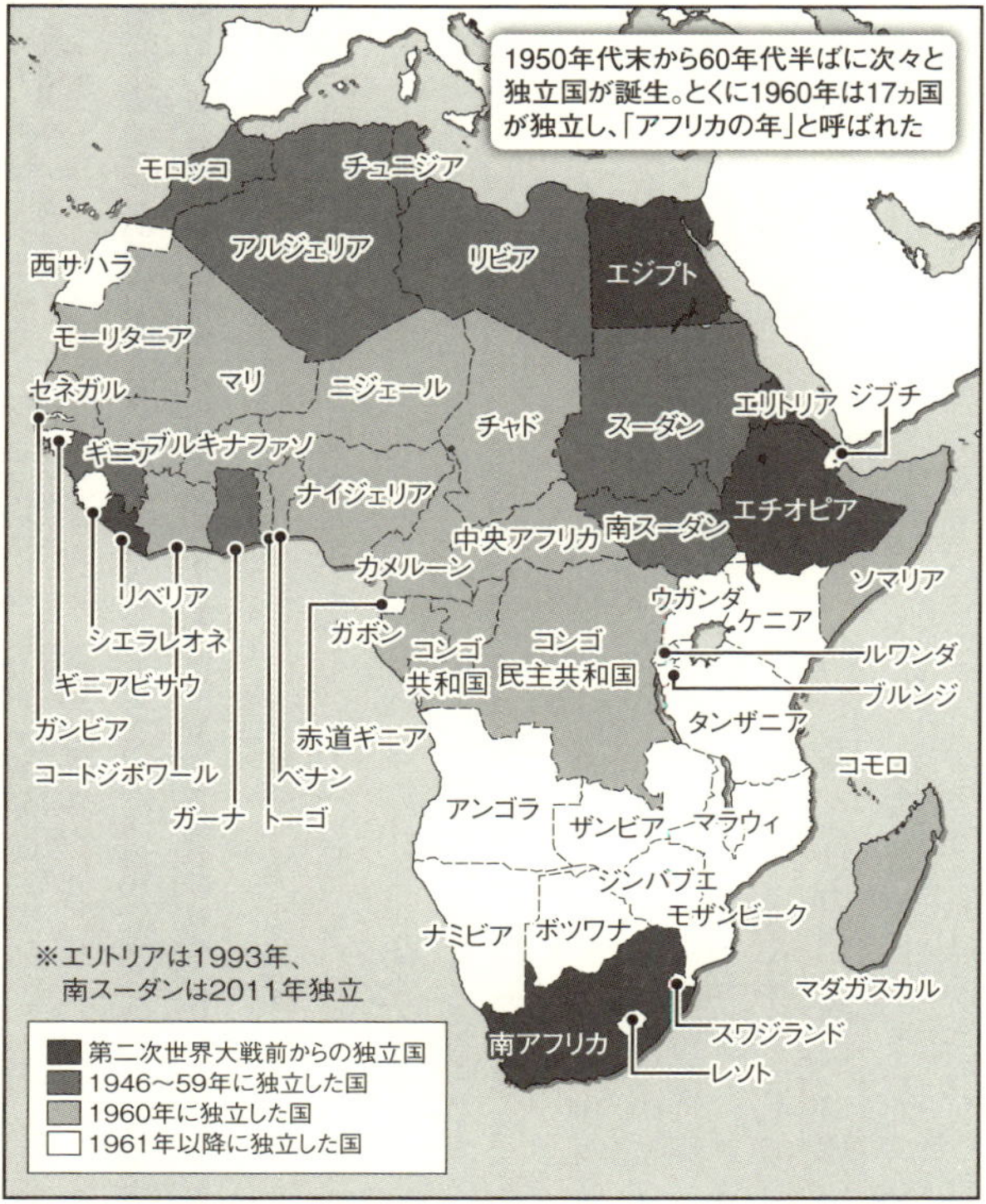

ひとくちメモ
1960年独立➡ソマリア・チャド・ニジェール・マリ・モーリタニア・セネガル・コートジボワール・ブルキナファソ・トーゴ・ベナン・ナイジェリア・カメルーン・ガボン・中央アフリカ・コンゴ共和国・コンゴ民主共和国・マダガスカル

1962年

「キューバ危機」の勃発

世界を「核戦争」の恐怖に陥れた、冷戦史上最悪の米ソ対立！

冷戦下、米ソの全面核戦争が現実味を帯びた瞬間があった。それは一九六二年のキューバ危機である。

ソ連にフルシチョフが登場して以来、米ソは平和共存の道を歩みかけていた。しかし、「アメリカの裏庭」といわれていたカリブ海の島国キューバに、ソ連が核ミサイルを配備したことで、事態は一変。核戦争による人類滅亡の恐怖が世界を包み込んだのである。

もともとキューバには親米政権があり、その後、軍事独裁政権が建てられたが、一九五九年、フィデル・カストロがチェ・ゲバラとともに武装闘争を展開し、革命政権を樹立した。

最高指導者となったカストロは、当初は共産主義を否定していた。しかし、アメリカ企業の工場の国有化や旧政権要人の処刑などを進めていくうちにアメリカとの関係を悪化させ、ついには国交を断絶するまでに至ってしまう。

●アメリカから離れ、ソ連に接近

そこへ接近してきたのがソ連だ。ソ連がキューバ産砂糖の買い付けなどで後ろ盾《だて》になると、カストロは独自の社会主義政策をとりはじめる。アメリカの喉元《のどもと》に〝東の刃〟が突き付けられたのである。

アメリカも黙っておらず、カストロ政権の打倒を目指して、亡命キューバ人による傭兵《ようへい》部隊をキューバ上陸作戦に送り出したが、失敗に終わった。

●瀬戸際で〝人類滅亡〟を回避――

そうしたなか、アメリカは非常事態に陥る。一九六二年十月、自軍の偵察機によるう写真撮影で、キューバ内にソ連のミサイル基地を確認したのである。

アメリカ全土が核ミサイルの脅威にさらされる！　一方で、攻撃を仕掛ければ核戦争に発展する危険がある。

早急な対応を迫られたアメリカのケネディ大統領は十月二十二日、ソ連にミサイルの撤去を求め、艦艇一八三隻、軍用機一一九〇機を動員して海上封鎖を行なうことを通知した。そして、ソ連が要求を拒否すると、二十四日から海上封鎖を実施したのである。

そして二十七日、アメリカの偵察機がキューバ上空でソ連の地対空ミサイルに撃墜され、緊張は最高潮に達した。

しかし、ソ連も全面戦争は望まず、フルシチョフが譲歩、二十八日にミサイルの撤去を発表した。

人類存亡の危機は間一髪のところで回避された。そして翌年には米英ソの間で「部分的核実験停止条約」が結ばれることになったのである。

アメリカのキューバ海上封鎖

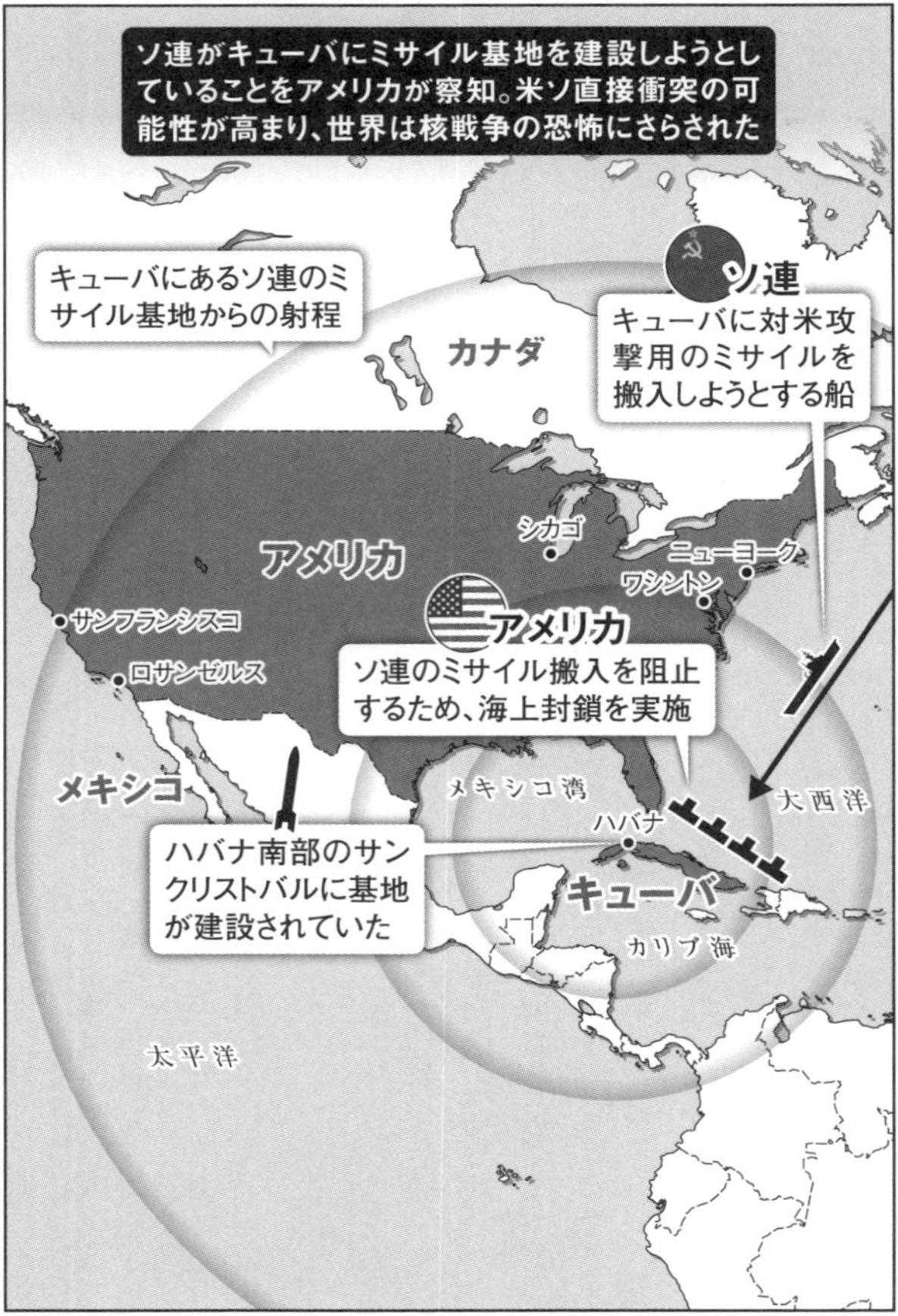

アメリカ・キューバ関連年表

1902年	5月20日	キューバが独立を果たすが、すぐにアメリカの保護領となる
1933年	9月10日	親米のバティスタがクーデターを起こし、新政権の実権を握る
1959年	1月 1日	フィデル・カストロらがキューバ革命を起こす
1960年	6月	カストロがキューバ国内のアメリカ資本の全面接収を決める
1961年	1月 3日	アメリカがキューバとの国交を断絶
1961年	1月20日	アメリカでケネディ政権が発足
1961年	4月17日	アメリカがカストロ政権の転覆を狙い、亡命キューバ人による攻撃を行なう（ピッグス湾事件）
1962年		ソ連がキューバにミサイル基地の建設を開始
1962年	10月14日	アメリカ軍がキューバへのミサイル搬入を確認する
1962年	10月22日	ケネディ大統領が基地撤去の要求と海上封鎖によるミサイル輸送阻止を宣言
1962年	10月27日	アメリカ軍の偵察機がキューバ上空で撃墜される
1962年	10月28日	ソ連のフルシチョフ首相がミサイル撤去に合意。キューバ危機が回避される

ソ連海軍の潜水艦を監視するアメリカ軍の航空機

ケネディ大統領が海上封鎖宣言に署名しているところ

キューバに設置したミサイルを撤去しようとしているソ連の船

ひとくちメモ

全面核戦争の可能性が現実となったキューバ危機を経て、米ソ間にホットラインが設置された。緊急時に首脳同士が直接対話し、危機を回避するためのもので、ワシントンのホワイトハウスとモスクワのクレムリンが回線で結ばれた。

1963年

ケネディ大統領の暗殺

世界に衝撃が走った衛星中継！ 犯人逮捕も、いまだに残る謎

一九六三年十一月二十二日。この日は、アメリカ史に残る悲しい一日となった。キューバ危機を回避し、絶大な人気を誇っていた現職大統領のケネディが、何者かに暗殺されてしまったのである。

妻ジャクリーンとともに遊説《ゆうぜい》のためテキサス州ダラスを訪れたケネディは、パレード中に狙撃された。

オープンカーに乗る夫妻に向かって三発の銃弾が放たれ、そのうちの一発が頭部に命中し、致命傷となったのだ。

おりしも日米初の衛星中継実験が行なわれるところで、日本でも暗殺の瞬間の映像が流された（生中継ではない）。

アメリカ当局の捜査により、元海兵隊員のオズワルドがまもなく逮捕された。パレードコースに建つ教科書倉庫ビルから銃撃したとされたのだ。

副大統領から昇格したジョンソン大統領が設置した調査委員会は、諸説飛び交う暗殺の真相に関して、オズワルドの単独犯行であると結論を出した。だが、半世紀以上を経たいまも疑念が残り、ジョンソン黒幕説まで出ている。

ケネディ「ダラス・パレード」の経路

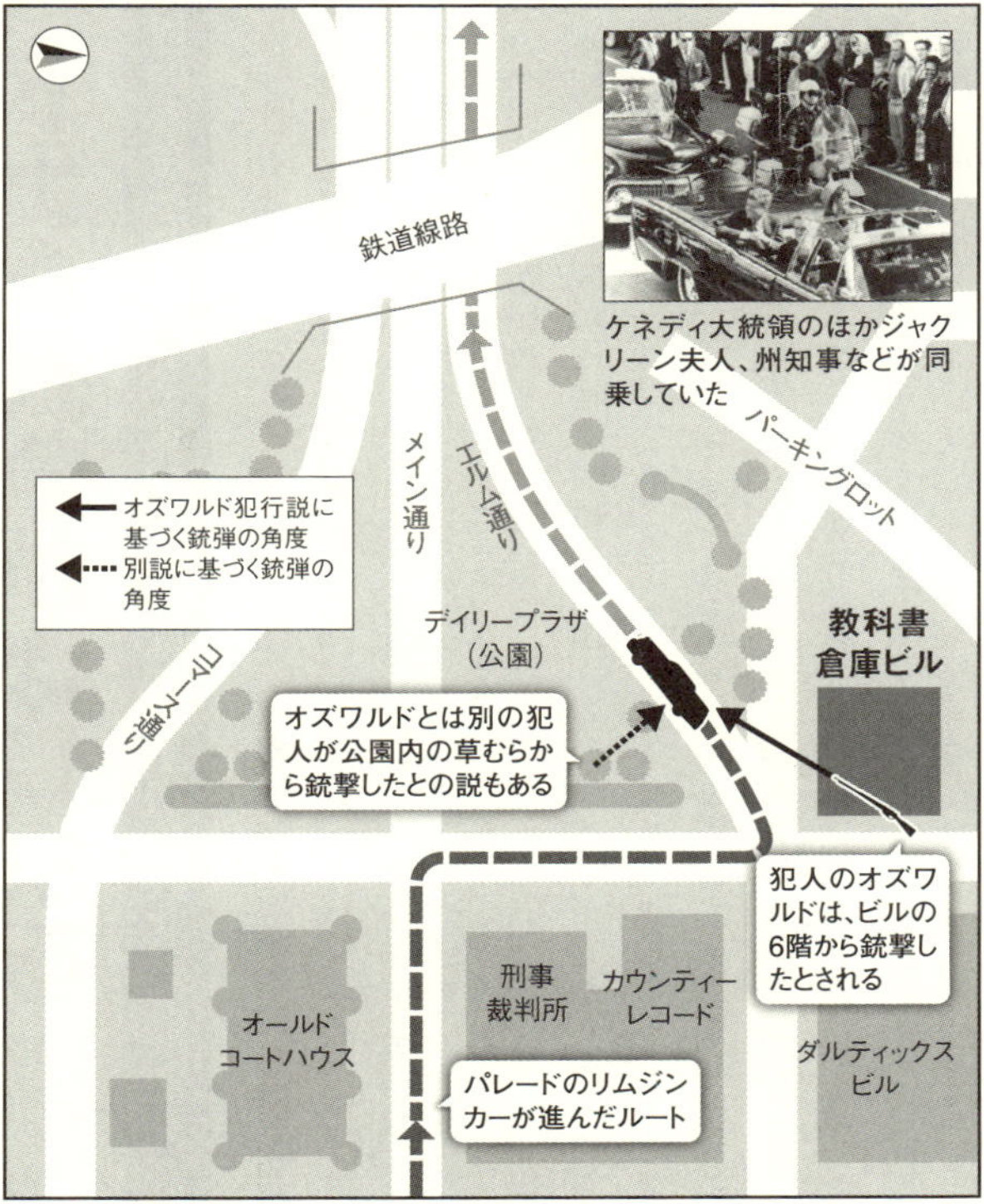

ケネディ大統領のほかジャクリーン夫人、州知事などが同乗していた

ひとくちメモ

謎が解明されない原因の一つに、逮捕された容疑者オズワルドがその2日後に殺されたことがある。拘置所へ移送される途中、マフィアと関係の深いナイトクラブ経営者ジャック・ルビーに銃撃され、死亡してしまったのだ。

1964年

ベトナム戦争がはじまる

世界的な反戦運動のなか、アメリカは「史上初の敗北」を喫する

インドシナ戦争（↓54ページ）後、ベトナムは北緯一七度線で南北に分断された。ホー・チ・ミンを指導者とする北ベトナムでは共産化が進み、南ベトナムではアメリカの傀儡《かいらい》政権が圧政を敷いていた。

やがて北ベトナムの支援を受けた「南ベトナム解放民族戦線（ベトコン）」が反米・反政府、独立の戦いを開始すると、南ベトナムは内戦状態に突入。

アメリカは、南ベトナムも共産化されてしまうのではと危機感を募らせ、一九六三年八月から介入をはじめた。

●トンキン湾事件を機に北爆開始――

六四年八月、北ベトナム東方のトンキン湾でアメリカ軍の駆逐艦が攻撃された。これを受け、アメリカは翌年二月に北ベトナムへの爆撃（北爆）を断行。

北ベトナムから南への支援ルートを断つため、国境を越えてラオスやカンボジアまで密かに爆撃した。これ以降、地上戦の戦闘部隊も続々と送り込まれ、六八年には六五万人にも達した。

しかし、農村部でゲリラ活動を行なう解放戦線の兵士は農民と区別がつかず、

アメリカ軍は苦戦を強いられる。

密林に身を隠す兵士を掃討《そうとう》するため、アメリカ軍は推定七二〇〇万リットルともいわれる枯れ葉剤を散布し、猛毒ダイオキシンの深刻な問題を引き起こした。

●反戦運動に揺れるアメリカ

アメリカ本国では戦場の実態が報道されるにつれ、反戦の声が高まった。北爆開始以降は反戦運動が世界的に高揚し、国内外で大規模なデモが起こった。

さらに、アメリカ軍が住民五〇〇人以上を殺害したソンミ村虐殺事件が報じられると、反戦運動はますます激化。徴兵忌避《きひ》も続出し、学生運動や公民権運動とも結び付いてアメリカは揺れに揺れた。

一九六九年に誕生したニクソン政権は、ついにベトナムからの撤退を決意。七三年一月のパリ和平協定で軍を引き揚げた。

●アメリカ史上初の敗北

アメリカ軍の撤退後、南ベトナム政府軍は北ベトナム軍の全面攻撃を受けて崩壊し、首都サイゴンも陥落。七五年、南北が統一され、翌年の統一選挙で「ベトナム社会主義共和国」が建てられた。

この戦争でのベトナム人の死者は一九〇万〜四〇〇万人、アメリカ軍兵士も五万八〇〇〇人が死亡したとされる。

アジアの小国を相手に一五〇〇億ドルの戦費をつぎ込んだアメリカは、同国史上初の「敗北」を喫し、その栄光にもかげりが生じはじめたのである。

ベトナム戦争の経過

中国
北ベトナム
(ベトナム民主共和国)
ホー・チ・ミンの社会主義国家(ソ連や中国が支援)
❷ 1965年2月
アメリカ軍が北ベトナムへの空爆を開始(北爆)
ハノイ
トンキン湾
❶ 1964年8月
アメリカ軍の駆逐艦が攻撃を受ける(トンキン湾事件)
ラオス
北緯17度線
タイ
ホー・チ・ミン・ルート。北ベトナムから南のベトコンへの支援ルート
南ベトナム
(ベトナム共和国)
ゴ・ディン・ディエムの親米国家(アメリカが支援)
カンボジア
サイゴン
❸ 1965年以降
北ベトナム軍と南ベトナム解放民族戦線(ベトコン)が反撃。アメリカ軍基地や主要都市への攻撃、さらに農村部でのゲリラ戦などにより抵抗を続ける
❹ 1973年1月
アメリカが撤退を決める。1975年4月にはサイゴンが陥落し、北ベトナムの勝利で終戦となる
南ベトナム解放民族戦線のゲリラ攻撃拠点
南ベトナムの対ゲリラ戦略地域

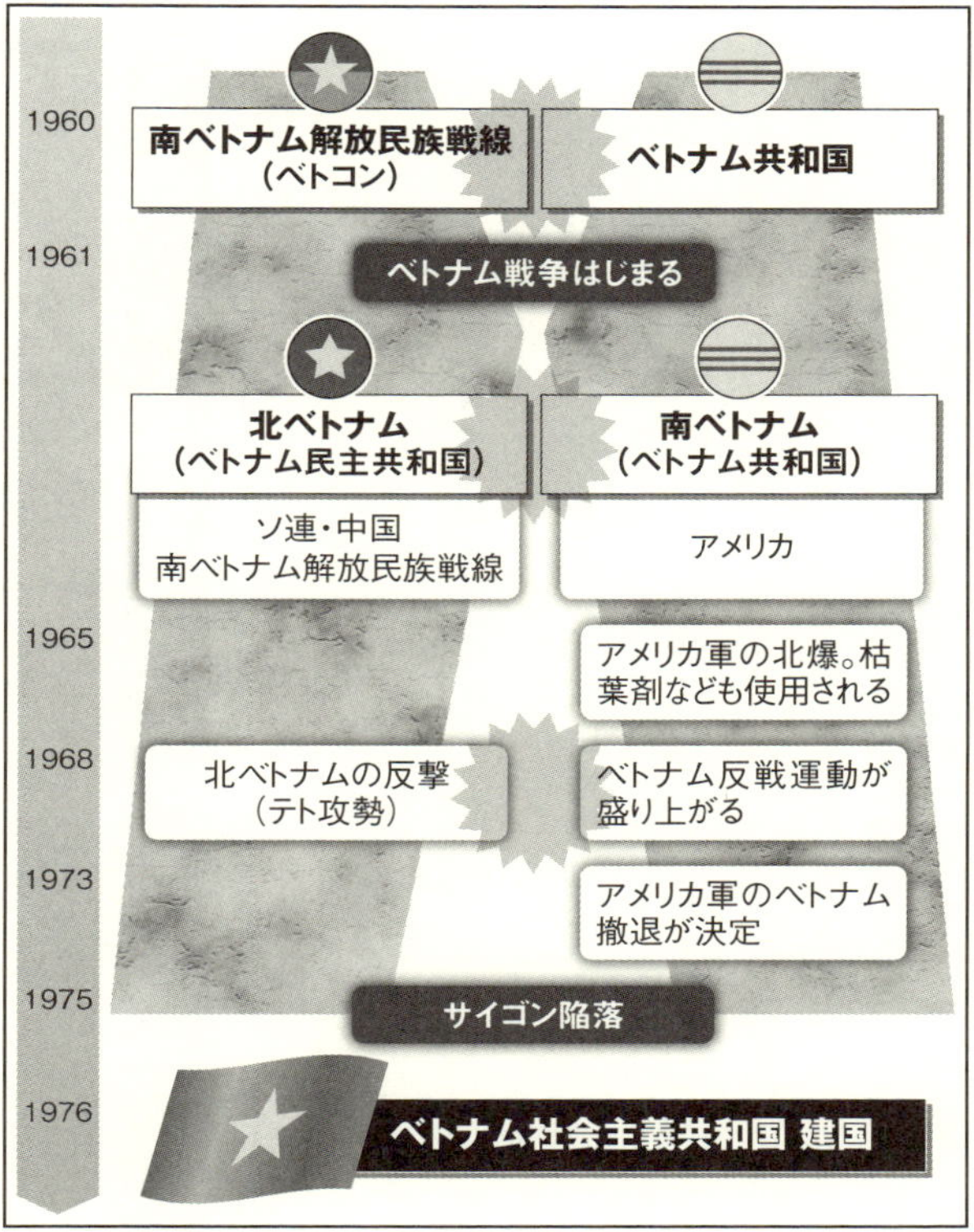

ひとくちメモ

北爆開始のきっかけとなった1964年8月のトンキン湾事件は、北ベトナム軍の魚雷艇がアメリカ軍の駆逐艦を攻撃したというものである。だが後日、大義名分をつくるためアメリカがでっち上げた事件だったと暴露されている。

1966年

「文化大革命」はじまる

「大躍進」に失敗した毛沢東が打ち出した、〝革命的な〟大失策！

「大躍進政策」（↓84ページ）に失敗した中国では、劉少奇《りゅうしょうき》が国家主席となり、鄧《とう》小平《しょうへい》とともに経済調整政策を進めていたが、これに抵抗する勢力が存在した。失脚していた毛沢東《もうたくとう》である。

毛沢東は劉少奇らを「資本主義の道を進む実権派」と糾弾し、一九六六年から「プロレタリア文化大革命」の名のもとに党の実力者や知識人を排除していく。

文化大革命の実動部隊となったのは、毛沢東を信奉する学生によって組織された紅衛兵《こうえいへい》だ。当初は知識人や反毛沢東勢力を攻撃対象にしていたが、そのうち一般市民もターゲットとし、学校や職場、自宅などに押し入って荒らしまわった。

また、学生らは「下放《かほう》運動」として農村へ追いやられ、再教育として肉体労働を課せられた。

文化大革命の結果、劉少奇らは失脚。政府の機能は麻痺し、経済も完全に停滞した。一九七六年に毛沢東が死去し、実権を握る江青《こうせい》夫人ら「四人組」が逮捕され、革命は終わったが、約一〇年間で数千万人の死者が出たといわれている。

毛沢東と「文化大革命」

毛沢東

林彪（りんぴょう）

対立

劉少奇
国家主席

鄧小平
総書記

↓

「文化大革命」を起こす

- 1966年夏から10年間続く
- 「資本主義の道を歩む実権派の打倒」を唱え、党の実力者や知識人を次々と排除した
- 毛沢東を信奉する学生組織「紅衛兵」が実働部隊として行動した

『毛沢東語録』を掲げる若者たち

↓

中国の古い思想・文化・習慣などが打ち捨てられる

↓

文革の結果、毛沢東は劉少奇ら反対勢力の追い落としに成功したが、多くの死者を出し、中国社会に深刻な傷を残すことになった

ひとくちメモ

紅衛兵は「毛沢東万歳!」と叫び、「打破四旧（古い文化・思想・風俗・習慣の打破）」をスローガンとした。富農や知識人をつかまえて「反革命分子」として首にプラカードを下げ、三角帽子をかぶせて地域中を引きまわしたりした。

1967年

「ヨーロッパ諸共同体（EC）」誕生

「一つのヨーロッパ」に向け、段階的に組織された共同体を統一

「ヨーロッパ連合（EU）」（→184ページ）は現在、多くの問題を抱えながらも単一通貨ユーロを導入するなどして、「一つのヨーロッパ」への道を進んでいる。このEUの前身が、一九六七年に設立された「ヨーロッパ諸共同体（EC）」だ。

第二次世界大戦後、世界をリードする大国が米ソのみとなり、冷戦が進むなか、まず一九五二年に「ヨーロッパ石炭鉄鋼共同体（ECSC）」が発足した。当時は重要な資源だった石炭に関して、フランスが西ドイツに共同管理を提案、イタリア・ベルギー・オランダ・ルクセンブルクが同調したものである。

次に一九五八年、原子力について独占的に開発を進めるアメリカに対抗し、この六ヵ国での共同の基盤づくりが決定、「ヨーロッパ原子力共同体（EURATOM）」が生まれた。

さらに同年、全般的な協力を進めるため、「ヨーロッパ経済共同体（EEC）」が発足し、関税率の引き下げや人の移動の自由度が増す。そして、この三つが統合され、ECが誕生したのである。

「EC」が誕生するまで

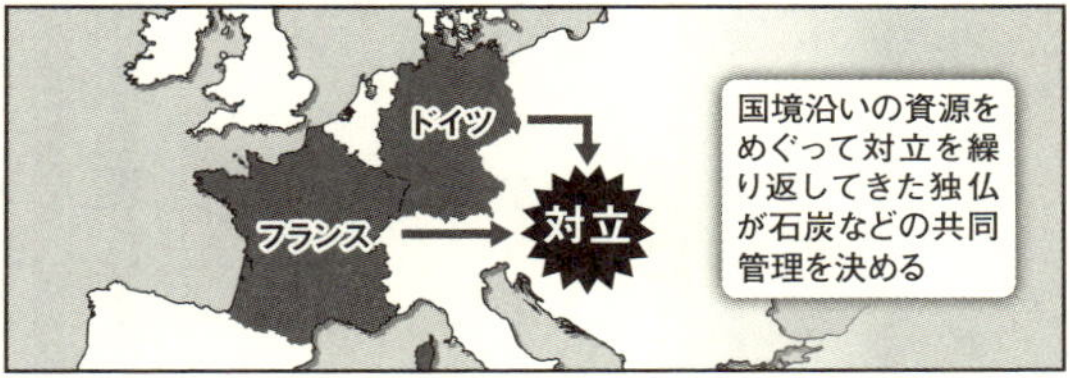
ドイツ
フランス
対立
国境沿いの資源をめぐって対立を繰り返してきた独仏が石炭などの共同管理を決める

1952 **ヨーロッパ石炭鉄鋼共同体(ECSC)発足～❶**
→石炭と鉄鋼の共同管理を行なう

1958 **ヨーロッパ原子力共同体(EURATOM)発足～❷**
→原子力エネルギーについて基盤をつくる

ヨーロッパ経済共同体(EEC)発足～❸
→ヨーロッパ共同市場の設立を目的とする

1967 **ヨーロッパ諸共同体(EC)発足**
→❶～❸が統合されて誕生。経済分野での協力が進む

オランダ
西ドイツ
ベルギー
ルクセンブルク
フランス
イタリア
ECSC加盟国6ヵ国でECが誕生し、欧州統合への歩みがスタート

ひとくちメモ
ECの加盟国は当初は6ヵ国だったが、年を追うごとに増えていった。1973年にはイギリス・アイルランド・デンマークが、1981年にはギリシャが加わり、1986年にはスペインとポルトガルが加盟した。

1968年

つかの間の「プラハの春」

ソ連の衛星国に吹きはじめた自由の風も、戦車の前に吹きやむ…

第二次世界大戦後、東欧ではソ連によって社会主義国が次々と建国され、東側陣営に組み込まれていった。チェコスロバキアもそうしたソ連の〝衛星国〟の一つだったが、一九六〇年代に入ると自由化の風が少しずつ吹きはじめた。

チェコの経済は、国民所得の伸び率が毎年八パーセントを記録するなど、東欧一の工業国として発展していた。ところが、六〇年代には急速に成長が鈍り、ソ連主導型の社会主義経済一辺倒から踏み出そうとする動きがみられるようになる。自由競争、利潤や利子、報奨金などを求める機運が高まっていったのだ。

このチェコの変化をソ連は警戒したが、六八年にチェコ共産党中央委員会で党第一書記に就任した改革派ドプチェクは、検閲の廃止や市場経済の導入など、自由化政策を次々と打ち出していった。

この年の春、プラハにはミニスカートなど西欧文化が花開き、人々は自由化された「プラハの春」を謳歌した。だが、八月にソ連率いるワルシャワ条約機構軍に弾圧され、つかの間の春は終わった。

「プラハの春」とソ連の弾圧

1960年代　ソ連主導の社会主義経済が行き詰まりをみせる

↓

1968年　チェコスロバキア共産党の改革派ドプチェクが自由化・民主化政策を推進

↓

チェコスロバキアに「プラハの春」が訪れる

↓

1968年8月　ソ連がチェコスロバキアに軍事介入する

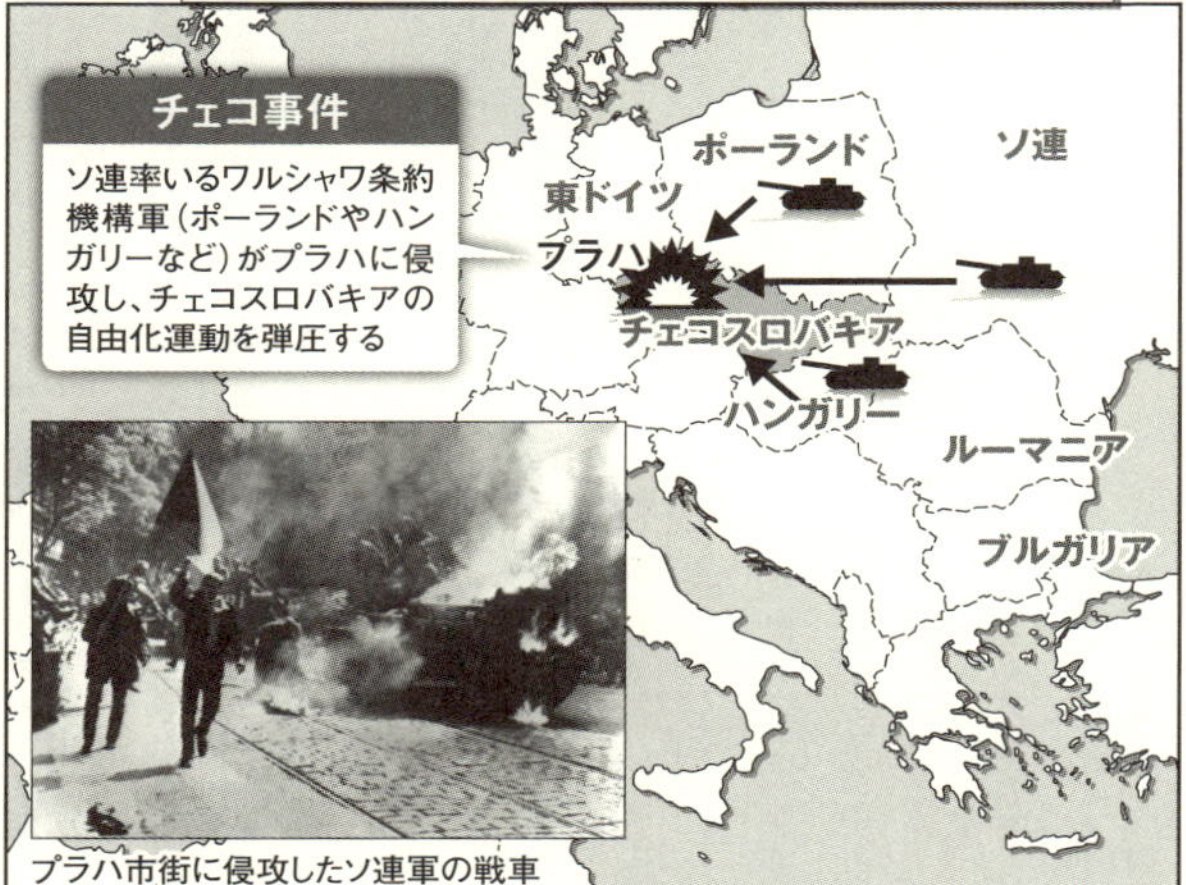
チェコ事件
ソ連率いるワルシャワ条約機構軍（ポーランドやハンガリーなど）がプラハに侵攻し、チェコスロバキアの自由化運動を弾圧する
ポーランド
ソ連
東ドイツ
プラハ
チェコスロバキア
ハンガリー
ルーマニア
ブルガリア
プラハ市街に侵攻したソ連軍の戦車

↓

「プラハの春」は終焉(しゅうえん)を迎える

ひとくちメモ

「プラハの春」という表現は、戦後にはじまった恒例の音楽祭に由来する。ナチス・ドイツに解体されたチェコスロバキアは第二次大戦後に独立を回復し、これを祝して1946年に第1回の「プラハの春音楽祭」が開催された。

1968年

全土に波及した「パリ五月革命」

世界的な「政治の季節」にフランスで発生した大規模なゼネスト

一九六八年は「政治の季節」と呼ばれる。アメリカではベトナム反戦運動、ドイツでは反体制運動、日本では学園紛争といった具合に、世界各地で政治的な運動が発生していたからだ。

なかでも世界的に大きな影響を与えたのが同年五月、フランスの首都パリで起こったド・ゴール政権に対する学生の暴動、いわゆる「パリ五月革命」である。

教育制度の改革を求める学生らの集会が警官隊に鎮圧され、衝突が激化。社会変革を要求するうねりは全土へ波及し、高校生や労働者、一般市民までが一体となった大規模なゼネストが決行された。

ド・ゴールはナチス・ドイツからフランスを解放した英雄として圧倒的支持を誇っていた。しかし、政権が長期化し経済発展による格差が大きくなるにつれて、若者の不満が拡大した。

各種政策の変更などにより暴動を沈静化させると、六月の総選挙で圧勝したが、英雄の人気は完全には戻らなかった。

その翌年、ド・ゴールは国民投票を行ない、僅差《きんさ》で否決されると辞任した。

世界各地で起こった学生運動

中国
毛沢東による文化大革命が進行するなか、学生を中心とする実働部隊の紅衛兵が「造反有理」（権威否定には理由がある）のスローガンを掲げて暴走を繰り返す
アメリカ
ベトナム戦争を継続する自国の政策に対して反対の風潮が高まるなか、カリフォルニア大学バークレー校で騒乱が勃発。反戦運動・公民権運動とともに拡大していった
日本
東京大学や日本大学での闘争が全国規模に拡大。やがて大学の民主化・解体闘争へと発展し、1969年には全国70以上の大学でストライキが行なわれた
西ドイツ
オール与党化した政権に対する不満が学生運動とつながり、政権崩壊・新政権樹立へと至った
フランス
ド・ゴール政権の長期化、格差の拡大などに若者の不満が爆発。パリ大学で学生運動が起きると各地に飛び火し、労働運動とも連帯して大規模なゼネストが行なわれた

1968年5月、パリでデモを繰り広げる学生たち（Ullstein bild/アフロ）

ひとくちメモ

五月革命による社会不安は「五月危機」とも形容された。学生による教育政策への不満からはじまり、しだいに労働者の賃上げ要求や待遇改善が叫ばれるようになり、ベトナム戦争反対など、左翼的な体制批判の機運が盛り上がった。

1969年

中国とソ連の対立

東側陣営の二大国の仲違いが顕在化！ 国境紛争で武力衝突も

一九五〇年代前半、中国とソ連は同じ社会主義国、東側陣営として「一枚岩」と称される関係にあった。しかし、五〇年代後半から中ソの関係が悪化しはじめる。スターリン批判、アメリカとの平和共存路線といったソ連の方針（↓80ページ）を、中国が嫌ったからである。

六〇年代に入ると、両国は公然と互いを批判し合うようになった。中国はソ連に修正主義・社会帝国主義のレッテルを貼り、ソ連は中国を極左冒険主義・教条主義と非難した。そうしたなか、中国は六四年十月に初の核実験を行ない、新たな核保有国となって脅威を増した。

そして一九六九年、中ソは国境紛争を引き起こす。東部国境を流れるウスリー川の珍宝島《ちんぽうとう》（ロシア名・ダマンスキー島）で、両国軍が武力衝突したのだ。戦闘地域が拡大して大規模衝突が半年も続き、ソ連が核兵器使用をちらつかせたため、世界は核戦争の恐怖におののいた。

結局、話し合いにより沈静化したが、国境地帯では両国一〇〇万の軍隊が睨み合い、敵対関係は七〇年代も続いた。

中ソ関係の変化

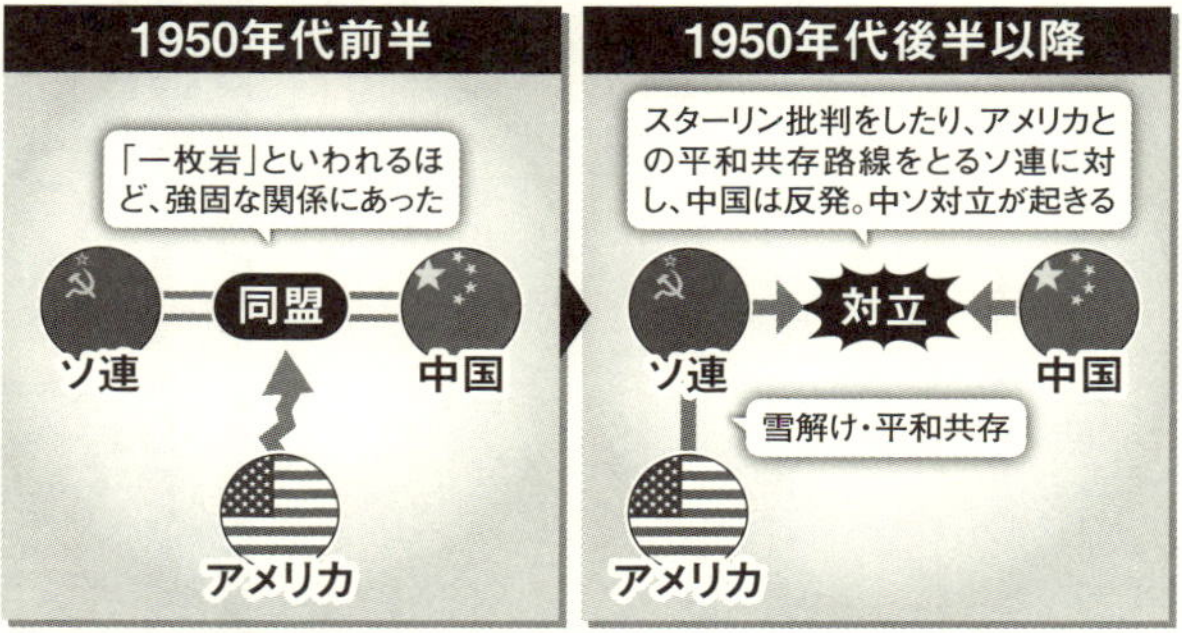

中ソ国境紛争（珍宝島事件／ダマンスキー島事件）

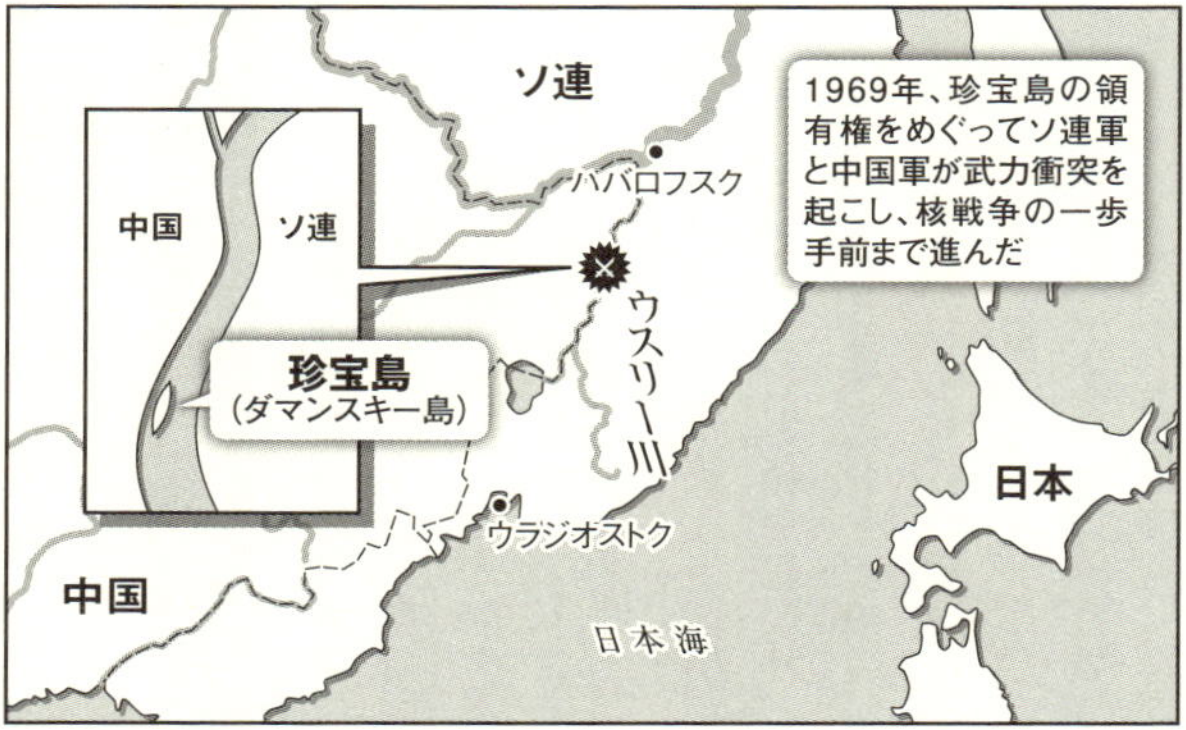

ひとくちメモ

朝鮮戦争でアメリカの核の脅威に直面した中国は1960年以降、ソ連に頼らない独自の核開発を目指した。62年のキューバ危機で国際世論が核実験制限へと向かうなか、中国は開発を急ぎ、64年には大気圏中での核実験に成功した。

1969年

「IRA」のテロ活発化

ロンドン中心部も狙われ、首相が宿泊するホテルでも爆発が…

「IRA(アイルランド共和軍)」は、イギリスに組み込まれたアイルランド島北部(北アイルランド)をアイルランド人の手に取り戻そうと、一九六九年から活動を活発化させた。イングランドから移住したアングロサクソン系住民と激しく敵対し、テロ攻撃が仕掛けられるなかで夥《おびただ》しい血が流された。

IRAの主な攻撃手段は爆弾によるテロ。標的は北アイルランドのイギリス関連施設にとどまらず、ロンドンも狙われた。世界に冠たるロンドンの金融街で、有名ビルを狙った爆弾テロが頻発した。

ロンドン市内の主要な駅やバスの停留所、ショッピングセンターなどでも爆弾テロが起こり、ロンドン市民を恐怖に陥れた。

当時のサッチャー首相が宿泊していたホテルでも爆発が起こり、当局との戦いはますます激化していく。

爆弾テロでの死傷者が続出すると、イギリス国内からもIRAと停戦協定を交わすべきだという声があがるようになったが、すぐには実現しなかった。

北アイルランド紛争とは

IRAのメンバーは北アイルランドをイギリスから分離させ、全アイルランドを統一することを望んだ

ひとくちメモ

IRAの母体となる組織は、「シン・フェイン党」というアイルランドの政党。第一次世界大戦終決後の総選挙で躍進した。その党内でイギリス寄りの政策の採択を拒み、武力闘争も行なう政治結社となったのがIRAだった。

ジョン・F・ケネディ

アメリカ

アメリカ国民に愛された若き大統領

夫人とともに遊説《ゆうぜい》中に暗殺されるという、不幸な最《さい》期《ご》を遂げたアメリカの第35代大統領ケネディ。

彼の在任中の功績は多い。まずキューバ危機の際、ソ連との核戦争を回避した。これはアメリカ一国に限らず、全世界的な功績といえる。また、有色人種への差別撤廃に向けて動いたり、月への有人飛行計画など宇宙開発を推し進めたりした。

ベトナム戦争への介入などは批判対象になるが、アメリカ人だけでなく、日本を含む世界の多くは彼に好意的な感情を抱いている。

フィデル・カストロ

キューバ

革命を実現した反米の英雄

キューバはカリブ海に浮かぶ小さな島国だが、国際社会における存在感は決して小さくない。それはカストロの指導力の証左といえるだろう。

カストロは1959年、32歳のときに親米の独裁政権を打倒し、キューバ革命を成し遂げた。そしてアメリカと国交を断ち、キューバ危機などを乗り越えながら、半世紀以上にわたって“反米のカリスマ”としての存在感を国内外に示し続けたのである。

2016年11月、90歳で亡くなると、キューバ国民は悲しみにくれた。

第4章

資本主義の栄光と挫折

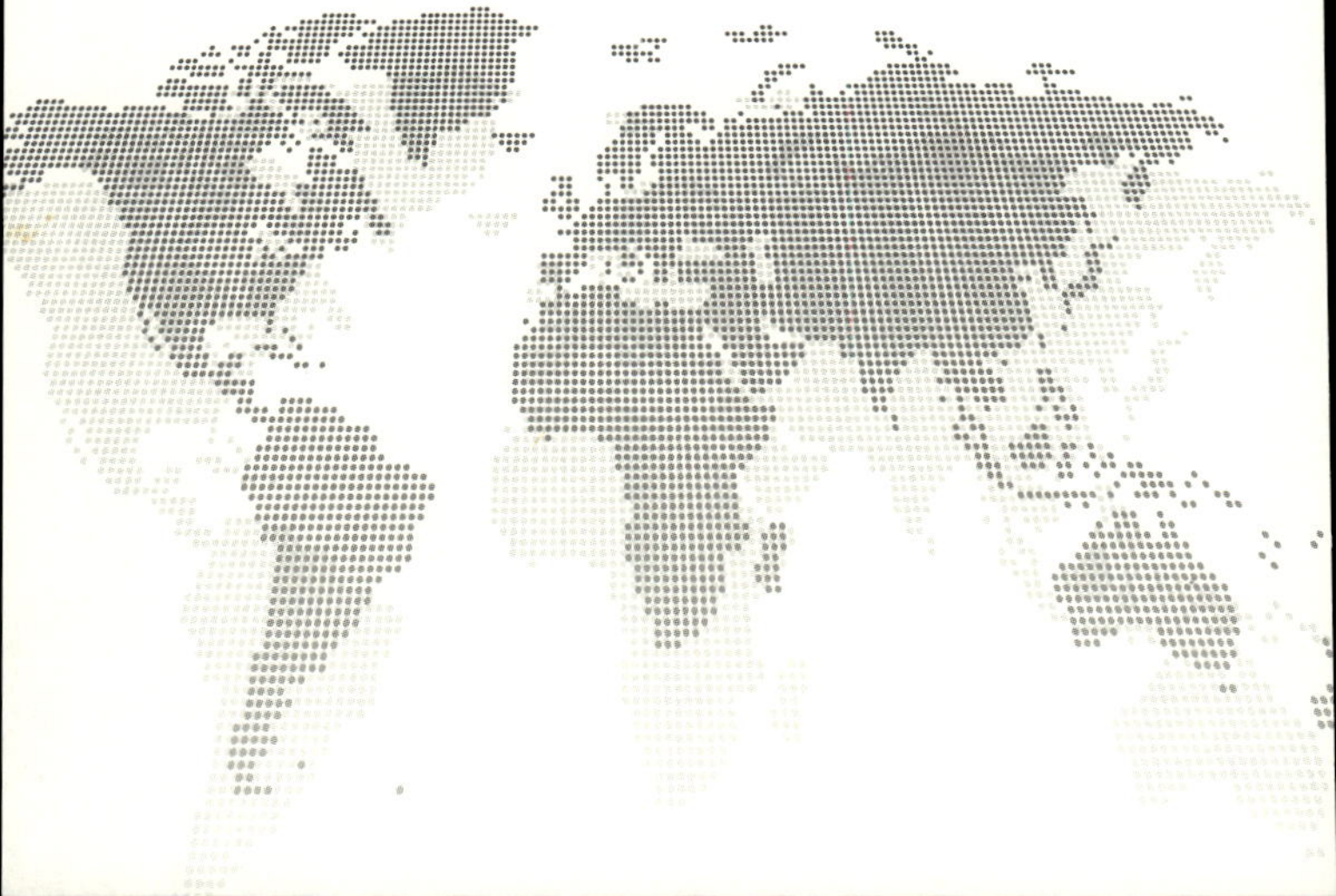

アメリカ黄金期から各国が協調する時代へ

年	出来事
1960年代	アメリカ経済が黄金期を迎える
1968年	日本のGDPが世界第2位になる
1960年代後半	東西両陣営の緊張緩和（デタント）
1969年7月	アポロ11号が人類を月に運ぶ
1971年8月	ニクソン大統領の金ドル交換停止宣言（ニクソン・ショック）
1972年2月	ニクソン大統領が中国を訪問し、米中国交正常化
1972年9月	日中国交正常化
1973年2〜3月	主要国が変動相場制へ移行する

繁栄を誇るアメリカは黄金期を迎え、大量生産・大量消費の豊かな暮らしは世界中の羨望《せんぼう》の的となった。第二次大戦後から一九七三年のオイル・ショックまでは、資本主義経済の黄金時代といわれる。

だが、栄光は長く続かない。アメリカは他国への援助や莫大な戦費で対外債務を増大させ、「ブレトン・ウッズ体制」が限界に達する。固定比率でドルを金と交換できなくなり、一九七一年、ニクソン大統領の交換停止の発表が世界に衝撃を与えた。

一方、戦後復興を果たした日本や西ドイツが目覚ましい経済成長を遂げ、存在感を増していく。国際経済の秩序維持には各国の協調が必要となった。

米ソを頂点とする戦後の冷戦体制にも変化が訪れる。核軍拡競争を続けた米ソは、核戦争を現実のも

1973年10月	第四次中東戦争勃発
1973年10月	第一次オイル・ショック（石油危機）
1970年代後半	カンボジアのポル・ポトによる大量虐殺
1976年6月	第2回先進国首脳会議でG7ができる
1978年12月	中国で改革開放政策開始
1979年2月	イラン革命によりイラン・イスラム共和国誕生
1979年12月	ソ連がアフガニスタンに侵攻する
1979～82年	米英日でタカ派政権樹立
1980年9月	イラン・イラク戦争勃発

のとしないため、緊張緩和＝デタントへ向かった。

アメリカは敵対していた中国とも和解した。中国は毛沢東《もうたくとう》の死後、鄧小平《とうしょうへい》が改革開放路線へと転じ、門戸を開いて外資を呼び込み、経済成長を遂げる。

中東の重要性も増していく。第四次中東戦争に端を発するオイル・ショックは、世界経済に大打撃を与え、日本ではトイレットペーパーの買い占め騒動まで起こった。石油戦略の重要性が浮き彫りとなり、石油資源は戦略上大きな切り札となった。

親米国家だったイランは、一九七九年のイスラム革命により反米に転じ、イラクでは帝国構築の野望に燃えるフセインが大統領について、イランに戦争を仕掛ける。中東の火種は絶えることがなかった。

こうした世界情勢のなかで、一九七五年には初のサミット（先進国主脳会議）が開かれた。「Ｇ７《セブン》」（第一回はＧ６）体制のはじまりである。

1960年代

アメリカ経済の繁栄

白人中流家庭の生活が〝世界の憧れの的〟になる一方で…

大戦後のアメリカは経済成長を続け、黄金期を迎える。

日本や西欧の戦後の復興を援助し、工業製品や食品・武器などを輸出して市場を拡大。そこにアメリカ企業が進出していく。その結果、終戦から一九六〇年までに国民総生産は二・五倍に増え、財政支出に裏打ちされて賃金は上昇、個人消費が増大したのである。

そして技術革新により大量生産・大量消費時代へ突入し、「豊かな社会」が生まれた。贅沢品だった自動車・冷蔵庫・テレビなどが手の届く価格となり、郊外の庭付き一戸建てに住み、家電を揃える白人中流家庭の生活様式が広まった。

一方では貧困がはびこり、貧困と不平等廃絶の政策などがとられた。また、人種差別廃止を求める公民権運動は六〇年代にますます高揚。各地でデモが続き、六四年七月、ついに公民権法が成立する。

さらにベトナム戦争の戦費が財政に重くのしかかった。厖大な軍事費は軍需産業の発展と雇用を生む一方、アメリカ経済に暗雲をもたらす存在ともなった。

アメリカの実質経済成長率(GDP)

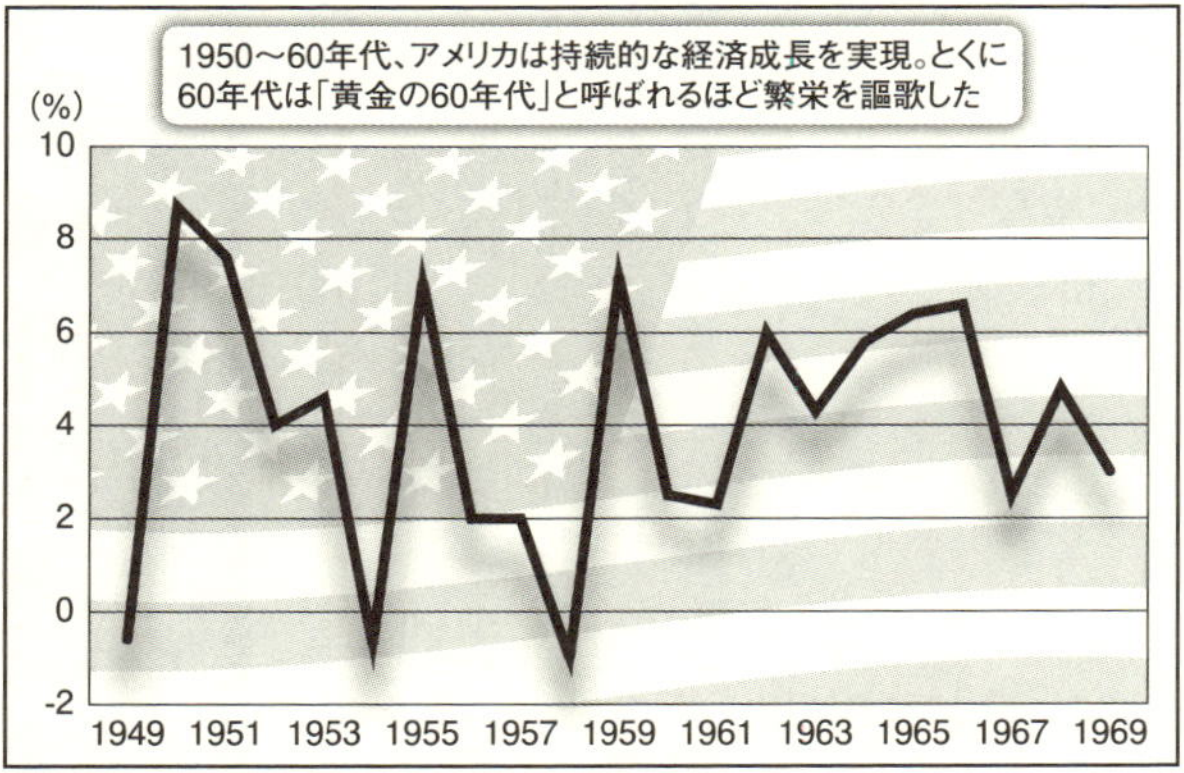

アメリカ政府と社会の暗部

ベトナム戦争が泥沼化し、莫大な戦費が財政に重くのしかかった

貧困や人種差別がはびこった。写真は公民権運動の指導者であるキング牧師

ひとくちメモ

アメリカ黄金期の「大衆消費社会」「豊かな社会」は、世界の人々の憧れだった。映画やドラマに描かれるライフスタイルを、世界中の人が夢中で観た。さらに音楽やファッション、野球などのスポーツも注目された。

1968年

日本が世界第二位の経済大国に

安保と固定相場に守られて、「黄金の六〇年代」が到来！

敗戦で焦土と化した日本はアメリカ同様、急成長を遂げた。一九五〇年代後半からの高度経済成長期には、年平均一〇パーセントの成長率を記録している。

アメリカの技術が導入され、安価な輸入原材料で大量生産する体制が確立。大量の石油を安く輸入でき、円が固定相場で割安に抑えられていたため、輸出が急激に拡大し、六〇年代後半からは膨大な貿易黒字が続くようになる。

一九六四（昭和三十九）年には東京オリンピックで、平和で豊かな日本を世界に印象づけ、六八年、ついに国民総生産（GNP）がアメリカに次ぐ規模となる。日本は「黄金の六〇年代」を迎え、世界第二の経済大国に成長したのである。

農村から都会へと人口が流出して集中し、郊外に続々と集合住宅が建てられた。収入が増えた人々のあいだで家電やマイカーが急速に普及し、国民の八～九割までが中流意識をもつに至る。

反面、都会の人口過密・交通事故・大気汚染といった問題が深刻化し、農村では農業従事者が減り過疎が進んでいた。

戦後日本の国民総生産（GDP）の推移

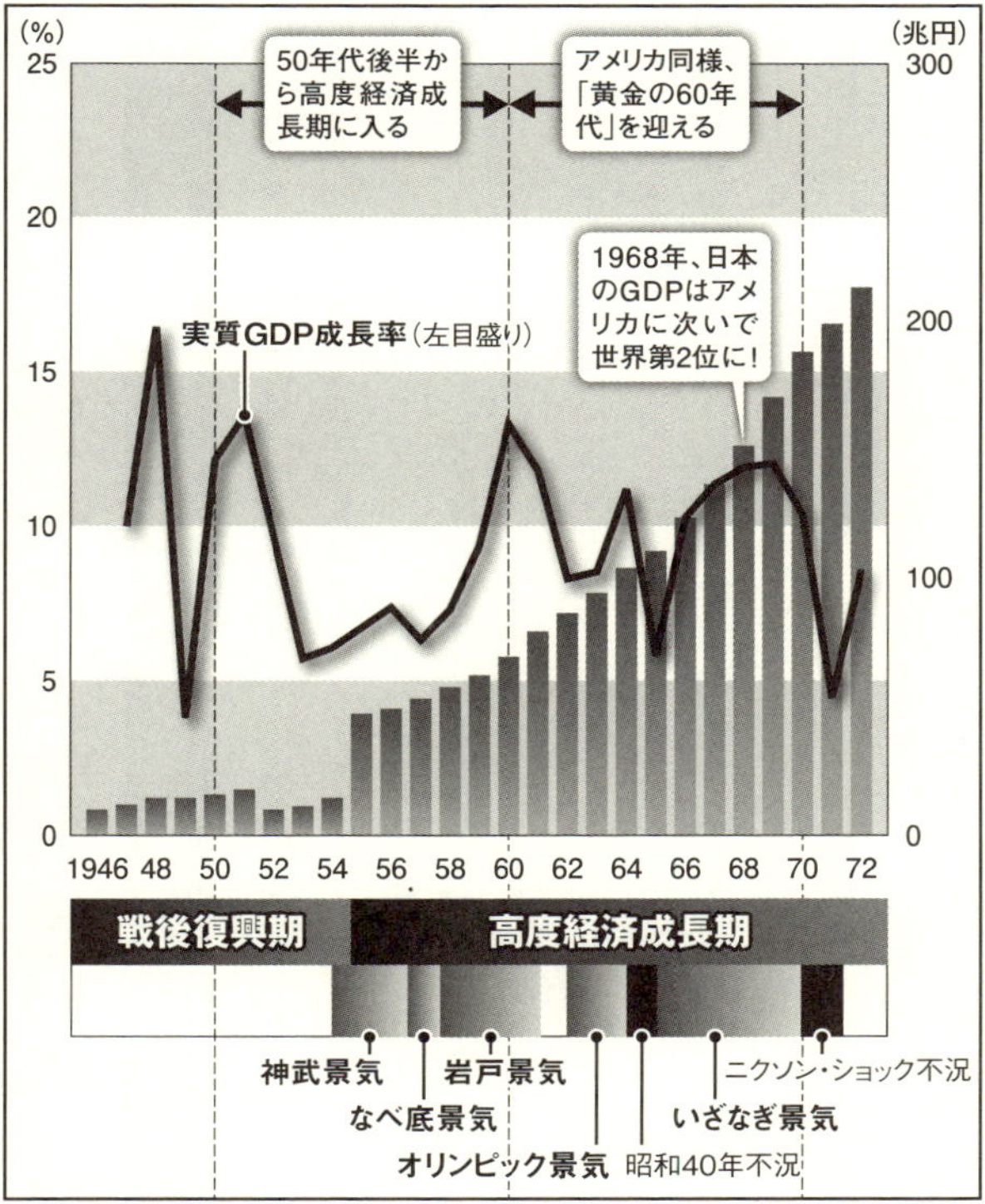

ひとくちメモ

1950年代後半からは、テレビ・洗濯機・冷蔵庫が「三種の神器《じんぎ》」といわれ、爆発的に売れた。60年代末には、これがマイカー・カラーテレビ・クーラーの「3C」に変わる。テレビのカラー放送がはじまったのは1960年だった。

1969年

「アポロ11号」が人類を月へ！

宇宙開発でソ連の後塵を拝したアメリカの「逆転プロジェクト」

アメリカはケネディ大統領の号令のもと、ソ連と熾烈《しれつ》な宇宙開発競争を繰り広げた。

ソ連は一九五七年、人工衛星打ち上げに成功し、六一年にはガガーリンが宇宙飛行を行なうなど、人類初の快挙を続け、アメリカは後塵《こうじん》を拝していた。

そうしたなかでケネディは、大統領選で「ニューフロンティア計画」を発表する。六〇年代中に人類を月に着陸させ、地球に帰還させることを目指すと宣言したのである。

その言葉どおり、一九六九年七月二十日、アポロ11号の着陸船「イーグル」が月面に着陸し、ニール・アームストロング船長らが月面に降り立った。

「これは一人の人間にとっては小さな一歩にすぎないが、人類にとっては偉大な飛躍である」

この船長のセリフは、名言として現在まで語り継がれている。

宇宙服に身を包んだ乗組員が月面に降り立つシーンを、日本を含む世界中の人々がテレビ中継で目撃し熱狂した。

米ソの宇宙開発競争

ソ連

- 1957年　人工衛星スプートニク1号を打ち上げる（スプートニク・ショック）
  →これを機に米ソの宇宙開発競争が本格化
- 1959年　月ロケットを発射し、月に命中させる
- 1961年　ガガーリンが人類初の有人宇宙飛行に成功
- 1963年　初の女性飛行士テレシコワがボストーク6号に搭乗
- 1965年　初の通信衛星モルニヤ1号打ち上げ
- 1969年　宇宙船の有人ドッキングに成功

アメリカ

- 1958年　アメリカ初の人工衛星エクスプローラー1号打ち上げ
  アメリカ航空宇宙局（NASA）発足
- 1960年　NASAがアポロ計画を発表
- 1961年　ケネディ大統領が60年代中に人類の月着陸を実現すると宣言
- 1969年　アポロ11号で月面着陸に成功する
- 1981年　スペースシャトル打ち上げに成功

東西冷戦のさなか、アメリカとソ連は熾烈な宇宙開発競争を繰り広げた

アポロ11号の着陸船「イーグル」で月面に降り立った飛行士

ひとくちメモ

「アポロ11号は月に行っていない。あれはNASA（米国航空宇宙局）のスタジオで撮られた映像だ」とする捏造《ねつぞう》説は根強い。映像をチェックすると、月面の旗がたなびくなど不可解な点が多々見出されるとされ、映画まで製作された。

1960年代

「デタント」＝緊張緩和

「核軍拡」を押さえる各条約をはじめ、米ソの対立関係が弱まる

キューバ危機（↓88ページ）をきっかけに、米ソは対立からデタント（緊張緩和）へ向かう。平和共存する協調関係への移行である。その背景には二国支配体制への反発や絶対的パワーの揺らぎがあった。

デタントの一環として核軍縮が進む。一九六三年の「部分的核実験禁止条約」の締結からはじまり、六八年には「核不拡散条約（NPT）」が結ばれた。これは、米ソ英仏中からの核兵器の売買譲渡・開発技術供与を禁じたものである。

さらに米ソの「戦略兵器削減交渉（SALT）」が六九年にはじまり、七二年にニクソン大統領がソ連を訪問しSALT－Iに調印。七三年にはブレジネフ書記長が訪米、「核戦争防止協定」を結ぶ。

同年、アメリカは共産主義の北ベトナムと和平を結び、ベトナムから撤退した。

デタントの流れはヨーロッパにも及ぶ。西ドイツは東欧諸国と関係改善につとめ、一九七〇年にソ連と「武力不行使条約」を締結、ポーランドと国交正常化。対立が続いた東ドイツとは七二年に国交を樹立し、翌年、国連に同時加盟した。

冷戦構造の変化

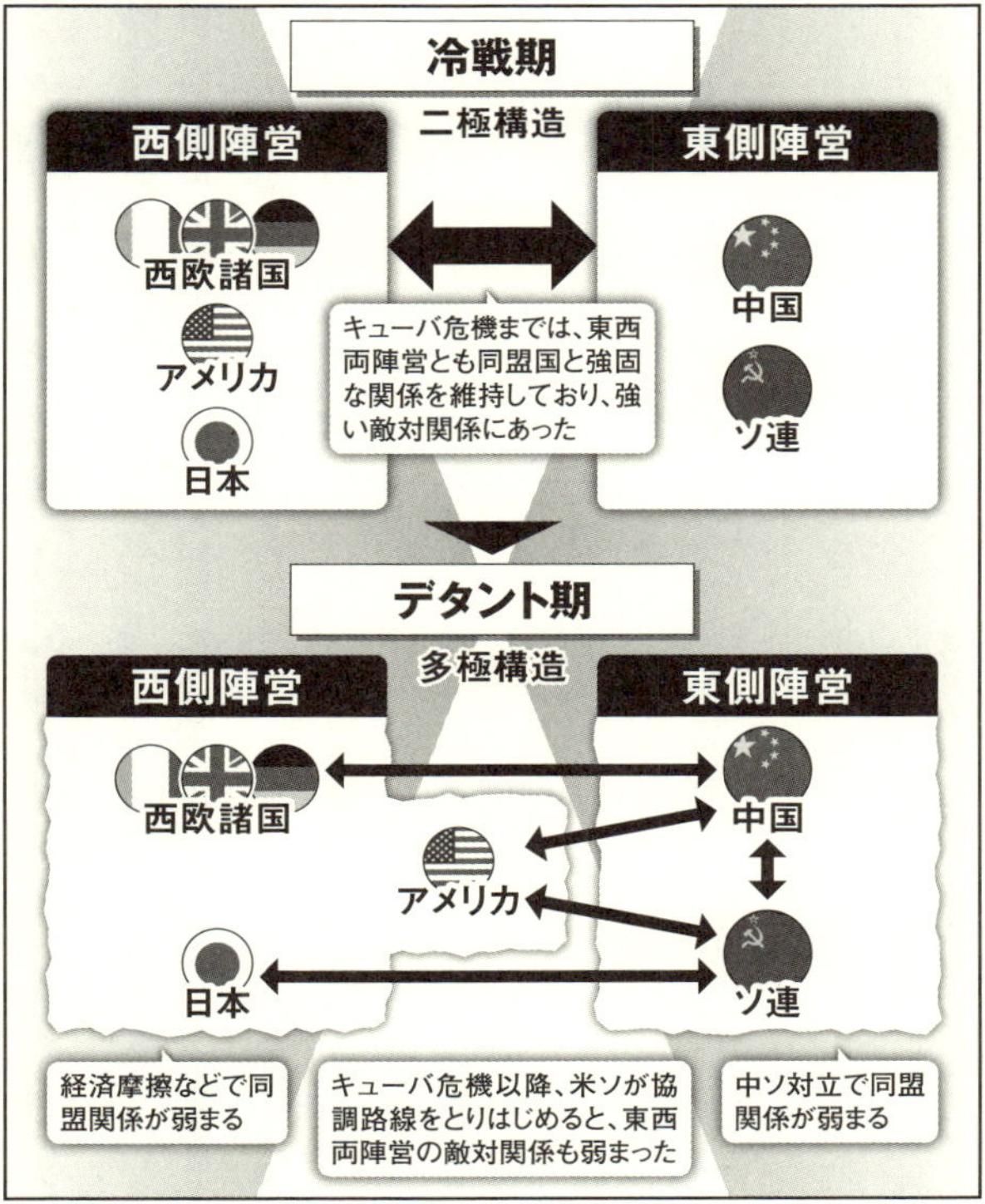

ひとくちメモ

デタントはフランス語の「détente」、弓の弦を緩める意。キューバ危機後、ド・ゴール仏大統領が、たどるべき過程を「デタント・アンタント（entente／相互理解）・コーペラション（cooperation／協力）」と表現して広まった。

1971年

「ニクソン(ドル)・ショック」!

ドルの信用失墜で固定相場から変動相場へ…日本は円高で大打撃!

アメリカ「黄金の六〇年代」(→114ページ)は、財政悪化と貿易赤字の増大により輝きを失い、基軸通貨ドルの信用は低下した。そして、アメリカの絶大な経済力を背景にしたブレトン・ウッズ体制(→24ページ)は崩壊へ向かう。

そうしたなか、ニクソン米大統領は一九七一年八月十五日にドルと金の交換停止を突然、発表した。

金・ドル本位制により、ドルは金と固定比率で交換できると保証されていたが、世界的にドルを売って金に換える動きが進み、金の準備量が減って交換困難な状態になったのである。

世界経済は大混乱に陥った。これは「ニクソン・ショック」と呼ばれた。「ドル・ショック」ともいう。

アメリカはベトナム戦争の巨額の戦費に加え、社会保障費の増大もあり、財政が赤字に転じた。

さらに日本や西欧諸国が力をつける一方、アメリカ製品の国際競争力が低下し、二〇世紀になってはじめて貿易赤字に転じた。こうしてアメリカは苦境に立たされたのである。

●日本は円高で輸出が大打撃――

西欧諸国は、ニクソン・ショックを受けて外国為替市場の閉鎖を余儀なくされ、同月二十三日に変動相場制へ移行して市場の再開にこぎつけた。

金・ドルの交換停止を発表するニクソン大統領

そして、国際的な協議が進められ、同年末に「スミソニアン協定」が結ばれる。各国の通貨とドルとのレートが調整され、変動幅を設けて固定相場制を維持することとなったのだ。

円は一ドル三六〇円から三〇八円まで引き上げられ、輸出に大きな痛手となって高度成長にブレーキがかかる。

これ以降も、金の裏打ちがないドルの信用は回復せず、混乱が続いた。

一九七三年二月にアメリカが再びドル切り下げを強行すると、固定相場制の続行は限界に達し、主要国は変動相場制へ移行した。需要と供給に応じて為替レートが変動する、現在の制度へと転換したのである。

「ニクソン・ショック」(ドル・ショック)の経過

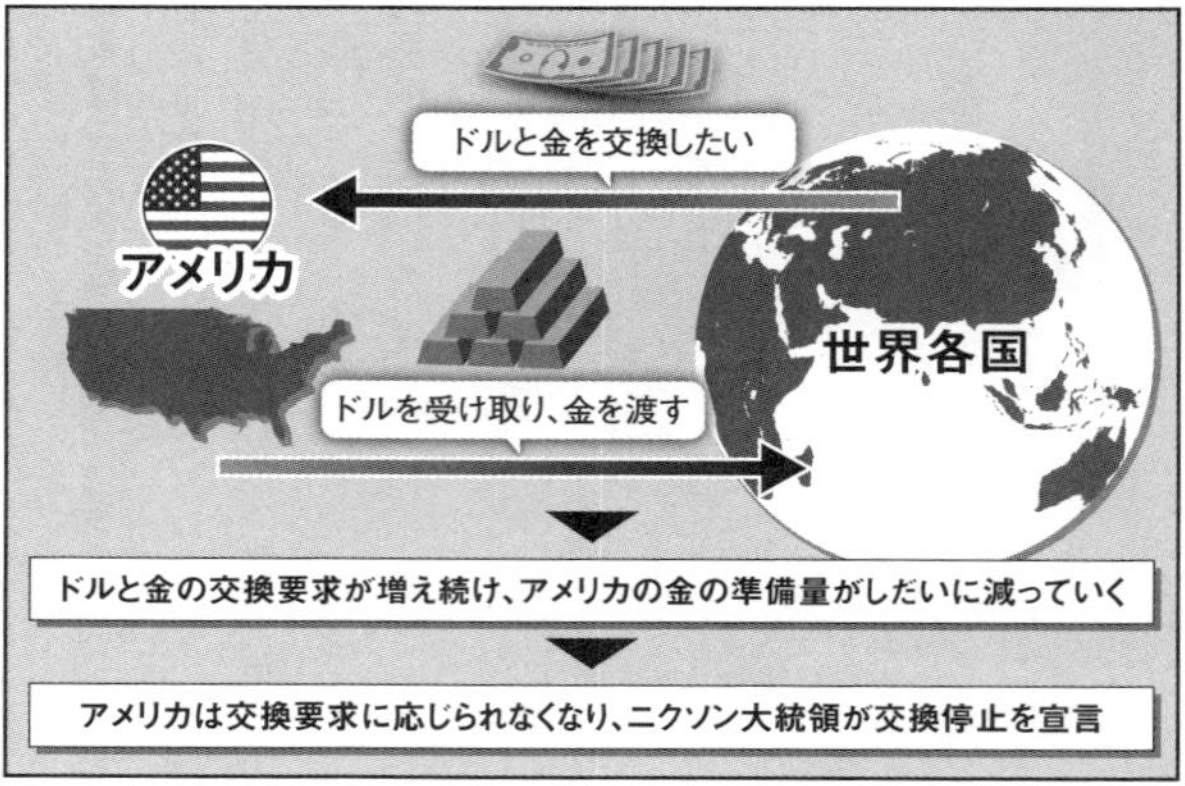

円・ドル交換レートの変遷

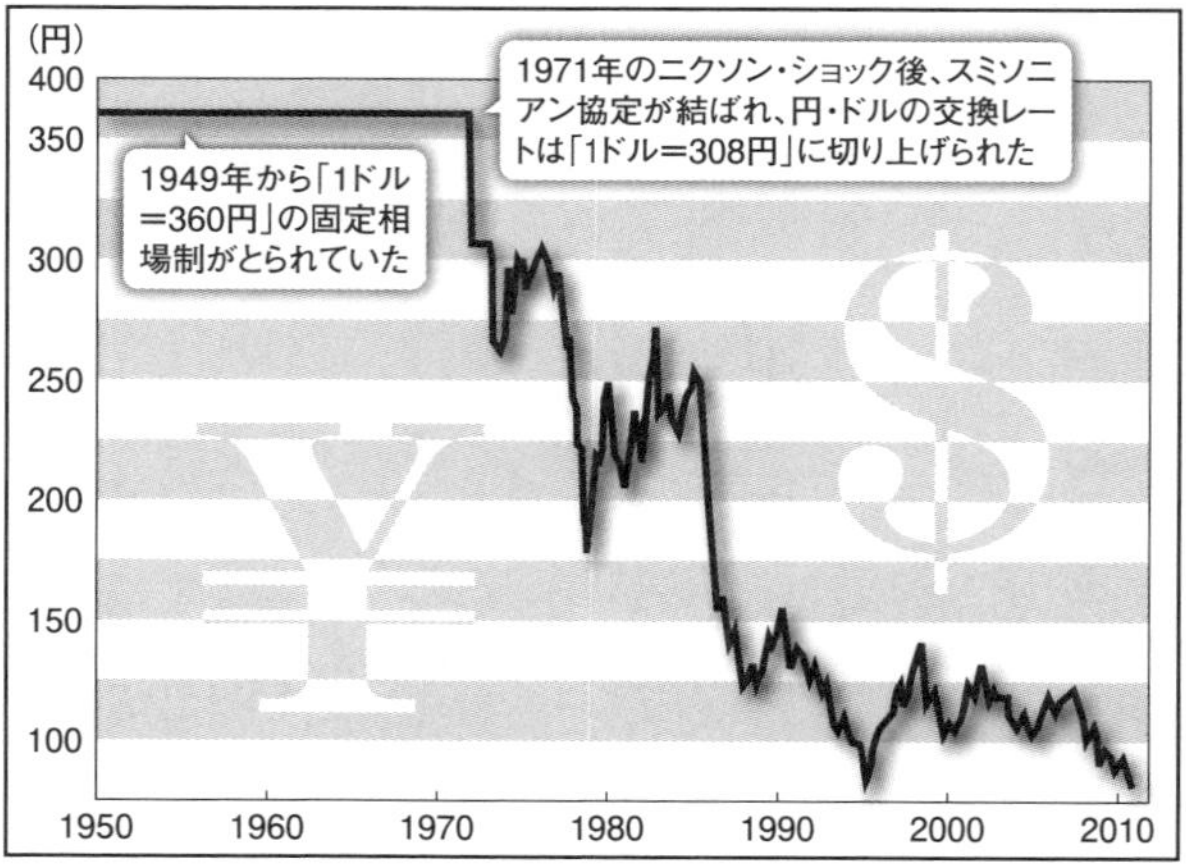

国際通貨体制の流れ

金貨本位制

金そのものを貨幣としてつかう

▼

金地金本位制

中央銀行が金地金との交換を保証するかたちで兌換(だかん)紙幣を流通させる

▼

19世紀　**イギリス・ポンドが金本位制を確立し、世界の基軸通貨に**

ポンドの金本位制に合わせて、各国も金本位制を採用する

▼

第一次世界大戦や世界恐慌などで金本位制が中断する

▼

1944年　**アメリカ・ドルがイギリス・ポンドに代わる基軸通貨に**

ブレトン・ウッズ体制のもとでアメリカ・ドルが世界の決済通貨となった

▼

1971年8月　**ニクソン大統領が金ドルの交換停止を宣言**　（ニクソン・ショック）

ベトナム戦争の戦費や財政赤字、貿易赤字の拡大に悩むアメリカは、ドルの切り下げを狙って金ドルを交換停止とした

▼

1971年12月　**スミソニアン協定が結ばれる**

アメリカのスミソニアン博物館に主要国の蔵相が集まり、金ドルの固定レート引き下げを決定する

ひとくちメモ

1971年8月のドルと金の交換停止は、ニクソン大統領の新経済政策の一つだった。ほかに、10パーセントの輸入課徴金制度、対外援助の10パーセント削減、賃金と物価の90日間の凍結などを柱としていた。

1972年

ニクソン訪中へ！

もう一つの「ニクソン・ショック」が世界を襲う！ 米中の国交正常化

一九七二年二月、アメリカ大統領としてはじめてニクソンが中国を訪問し、毛《もう》沢東《たくとう》主席・周恩来《しゅうおんらい》首相と会談を行なった。その結果、朝鮮戦争以来二〇年も敵対してきた両国は、国交正常化に向けての共同声明を発表したのである。

この歴史的な大転換までには、数々の布石が打たれていた。

アメリカはまずベトナム戦争終結へ向けて、北ベトナムを支援する中国と和解する道を模索し、アジア駐屯の米軍を削減。七一年にはアメリカの卓球選手団が訪中し、「ピンポン外交」と注目された。そしてキッシンジャー大統領特別補佐官が密かに訪中して根回しし、同年七月にニクソン訪中計画を発表したのである。

これによって世界に衝撃が走り、寝耳に水の日本も動揺した。同年九月には首相に就任したばかりの田中角栄が訪中して周恩来と会談を行ない、日中共同声明を発表して国交を回復している。

極東の冷戦構造は大きく転じた。中ソ対立が深まるなかでの米中首脳の握手に、ソ連が反発したのはいうまでもない。

アメリカと中国の接近

キッシンジャーと毛沢東
1949年から断絶状況の続いていた米中関係が、72年2月に正常化

ひとくちメモ

ニクソン訪中計画の発表は、ドルと金の交換停止と同じ年にあり、「もう一つのニクソン・ショック」といわれる。ドルより1ヵ月早いことから「第1次ニクソン・ショック」ともいう。ニクソン自ら「世界を変えた1週間」と述べている。

1973年

「第四次中東戦争」勃発

「イスラエル不敗神話」がついに崩壊か？ 戦争の影響は全世界に

エジプトでは、第三次中東戦争（↓74ページ）までを指揮したナセル大統領が一九七〇年に死去し、サダト大統領があとを継いだ。彼は奪われたシナイ半島などの奪還を狙い、七三年、イスラエルに第四次中東戦争を仕掛けた。

エジプトは、ユダヤ教徒が断食して外出を控える日を選び、シリアとともにイスラエルを奇襲する。慌てたイスラエルは反撃したものの、当初は後退を余儀なくされ、それまでの不敗神話が打ち砕かれることとなった。

しかし、イスラエルはアメリカの支援を受け、戦況を五分として失地を回復。そして、戦争前の領土を維持したかたちでかろうじて停戦に持ち込んだ。

この戦争でイスラエルは、アメリカやイギリスなど西側から供与された最新鋭の武器で戦ったが、エジプトなどアラブ側は石油というカードを切った。イスラエル支援国への石油供給を停止する策に出たのだ。

戦後、サダトはナセルに代わるアラブ側の盟主として注目された。

1970年代半ばの中東情勢

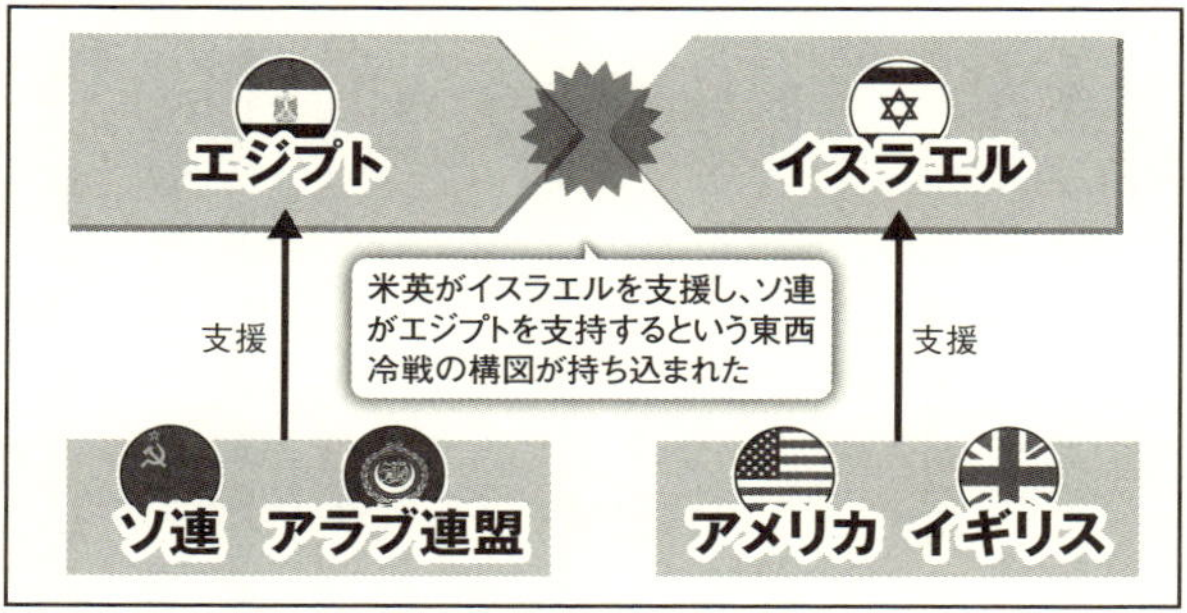

第4次中東戦争の展開

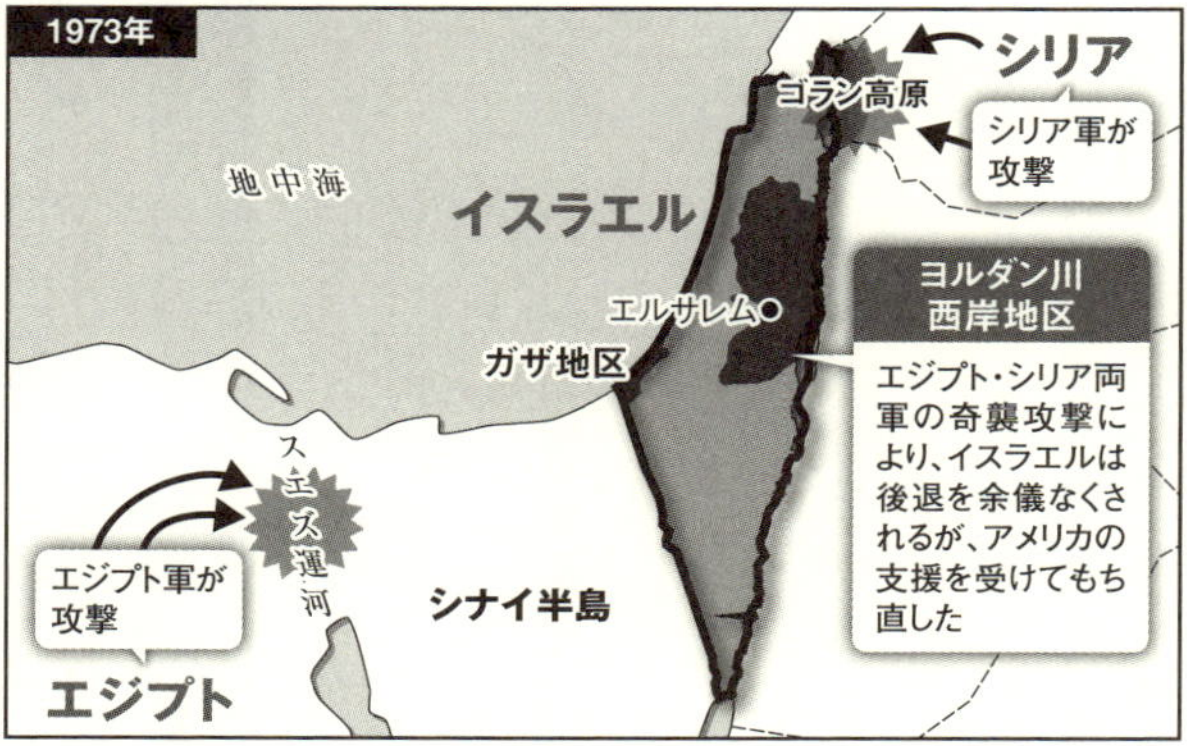

ひとくちメモ　サダト大統領は停戦後、アメリカの説得に耳を傾ける姿勢へと転じた。イスラエルを国家として認め、和平交渉に応じた成果として、イスラエルからシナイ半島の返還も実現させた。だが、和平に反対する軍人により暗殺された。

1973年

「オイル・ショック（石油危機）」！

第四次中東戦争でアラブが切った「石油カード」に世界中が大混乱

一九七三年の第四次中東戦争（↓128ページ）において、イスラエルと敵対するアラブ諸国側は石油を武器とした。

ＯＰＥＣ（石油輸出国機構）加盟の六ヵ国が原油価格を二一パーセントも値上げ、同時にアラブ支持国には従来どおり石油を供給、イスラエル側には毎月削減していく方針を出したのである。

その結果、石油を輸入に頼る日本や西欧の先進国経済がオイル・ショック（石油危機）に激しく揺れた。日本の原油輸入価格は四倍以上にもなった。

ポリエチレンや合成洗剤など石油化学製品市場も直撃され、あらゆる製品が一斉に値上がりした。七四年の卸売り物価は三七パーセント、小売り物価は二五パーセントも上昇している。

石油化学製品が高騰した末、手に入らなくなるかもしれない……。そんな不安が日本を直撃し、人々はスーパーに我先に走り、商品を買いだめした。店の棚からトイレットペーパーが消えるほどの大騒ぎとなったのである。政府は省エネを呼びかけ、危機を乗り越えた。

OPECの戦略で高騰する原油価格

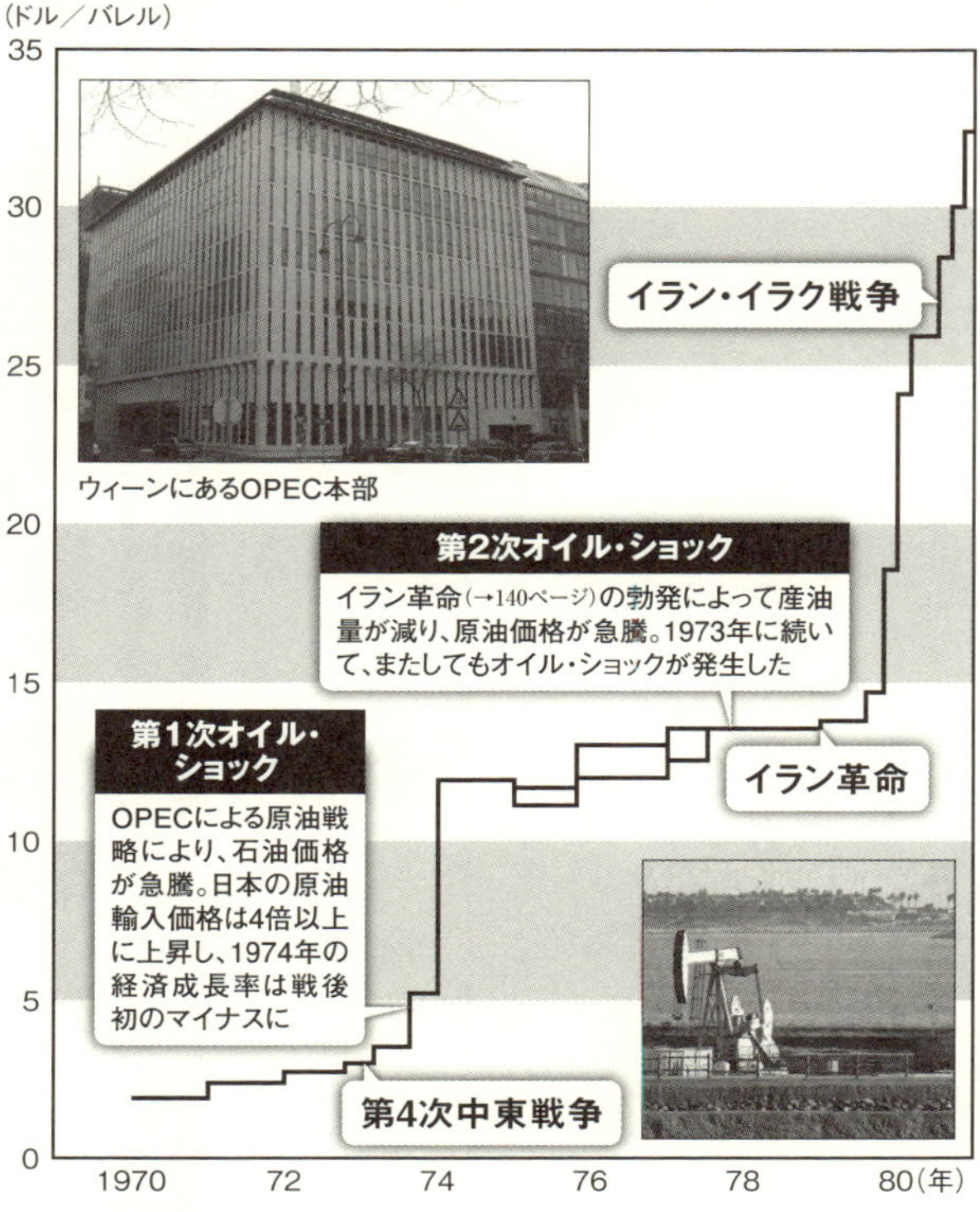
(ドル／バレル)
35
30
25
20
15
10
5
0
1970
72
74
76
78
80(年)
ウィーンにあるOPEC本部
イラン・イラク戦争
第2次オイル・ショック
イラン革命(→140ページ)の勃発によって産油量が減り、原油価格が急騰。1973年に続いて、またしてもオイル・ショックが発生した
第1次オイル・ショック
OPECによる原油戦略により、石油価格が急騰。日本の原油輸入価格は4倍以上に上昇し、1974年の経済成長率は戦後初のマイナスに
イラン革命
第4次中東戦争

ひとくちメモ

石油を産出する途上国は、オイル・ショックで資源の力を目《ま》の当たりにした。1974年、資源総会と呼ばれる国連特別資源総会で、「新国際経済秩序（NIEO）」を打ち出し、資源価値を高値水準で安定させて経済発展しようと宣言。

1975年

カンボジア内戦の悲劇

恐怖の独裁者ポル・ポトによる、〝異様な共産革命〟の実態！

カンボジアでは一九七〇年にクーデターでシハヌーク殿下が国を追われ、政情不安が続いていた。そして七五年、「クメール・ルージュ」を中心とした反政府勢力が首都プノンペンを制圧する。

その最高指導者がポル・ポトだった。ポル・ポトは独裁体制を強化、極端な共産化革命を進め、原始共産制と呼ばれる異様な政策を強行した。農業を主体とした共同社会で生産手段を共有し、生産物は平等に分配するというものだ。

内戦の終結を喜んだプノンペン市民二〇〇万人は、すべて地方へ追いやられ、集団農場で強制的に働かされた。

強制収容所、拷問のための施設なども設けられ、反抗する者はすぐに排除された。なかでも知識人層は忌み嫌われ、残虐に殺害されていったのである。

こうして政権の樹立からベトナムの介入により政権が倒される一九七九年まで、世界に知られることなく三年八ヵ月にもわたるポル・ポトの恐怖政治が続いた。そのなかで虐殺された人数は一〇〇万人とも一七〇万人ともいわれる。

カンボジア内戦の構図

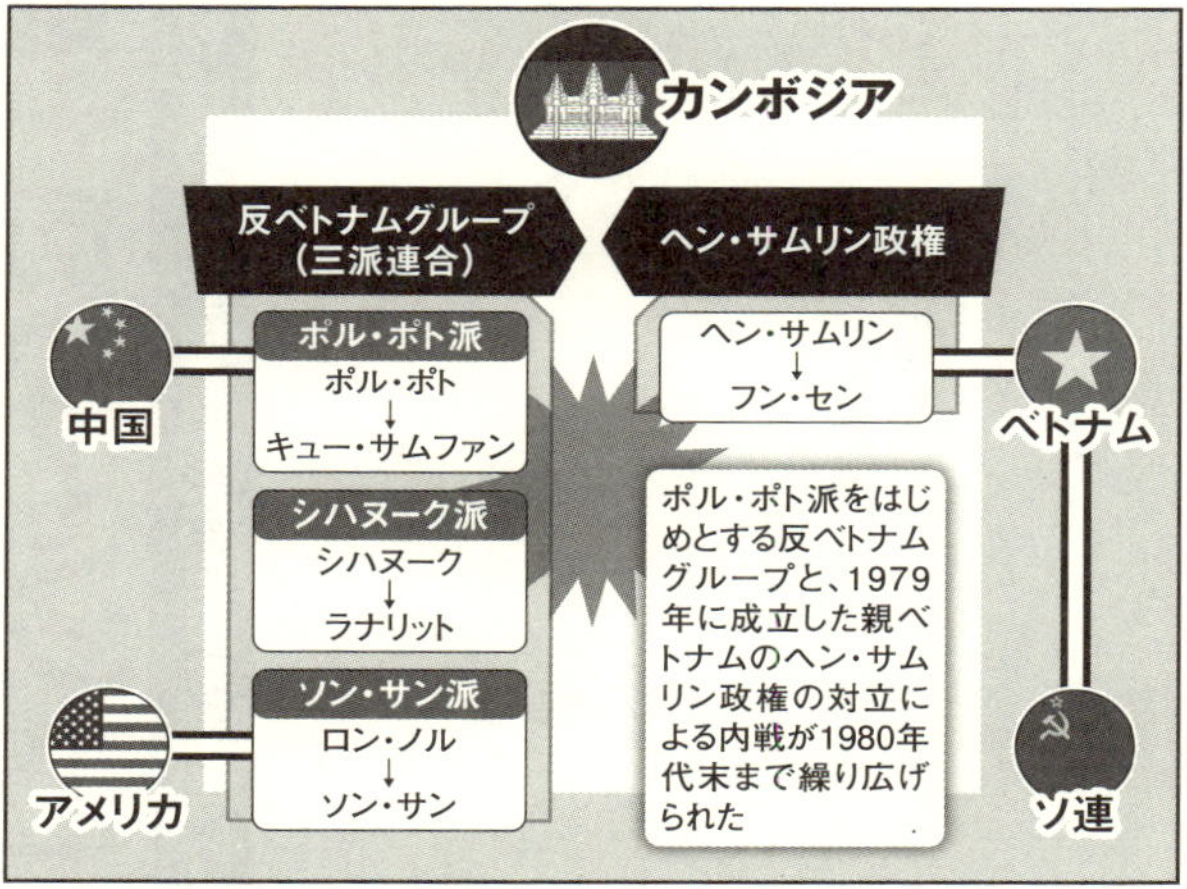
カンボジア
反ベトナムグループ（三派連合）
ヘン・サムリン政権
ポル・ポト派
ポル・ポト
↓
キュー・サムファン
シハヌーク派
シハヌーク
↓
ラナリット
ソン・サン派
ロン・ノル
↓
ソン・サン
ヘン・サムリン
↓
フン・セン
中国
アメリカ
ベトナム
ソ連
ポル・ポト派をはじめとする反ベトナムグループと、1979年に成立した親ベトナムのヘン・サムリン政権の対立による内戦が1980年代末まで繰り広げられた

ポル・ポトの政策

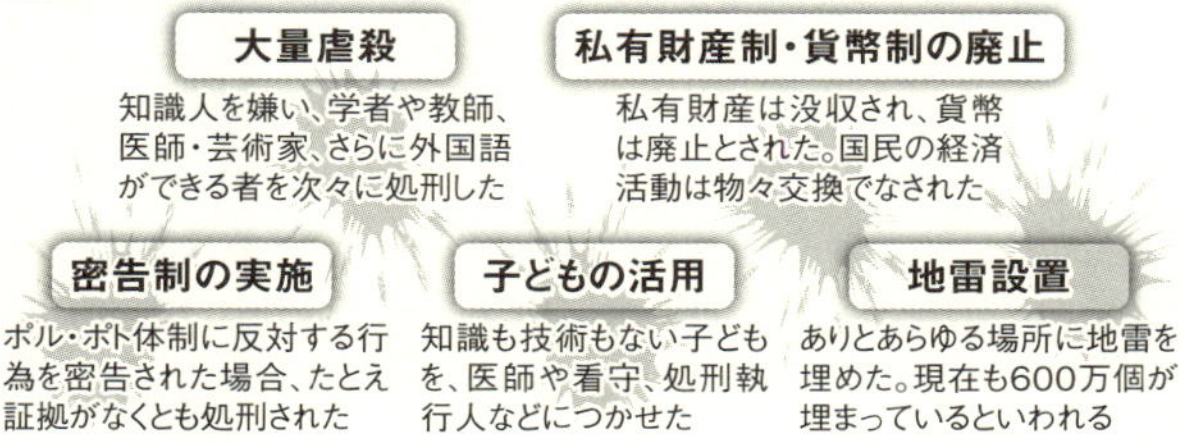
大量虐殺
知識人を嫌い、学者や教師、医師・芸術家、さらに外国語ができる者を次々に処刑した
私有財産制・貨幣制の廃止
私有財産は没収され、貨幣は廃止とされた。国民の経済活動は物々交換でなされた
密告制の実施
ポル・ポト体制に反対する行為を密告された場合、たとえ証拠がなくとも処刑された
子どもの活用
知識も技術もない子どもを、医師や看守、処刑執行人などにつかせた
地雷設置
ありとあらゆる場所に地雷を埋めた。現在も600万個が埋まっているといわれる

ひとくちメモ

独裁者ポル・ポトとはどんな人物だったのか。王室の家系につながるサロト・サルが本名で、自らを貧農に装うためポル・ポトの名をつかったといわれる。幼い頃にフランスに留学した際、共産党入りしたと伝えられる。

1975年

第一回「サミット」の開催

世界経済が不安定ななか、主要先進国による「G7」体制の形成

オイル・ショック（→130ページ）に象徴されるように、一九七〇年代半ばの世界経済は不安定な状況にあった。背景には、基軸通貨のアメリカ・ドルが危機を迎え、変動相場制へと移ったことがある。

当時は世界を牽引《けんいん》してきた国々では産業のグローバリゼーションが進行していたこともあり、主要先進国間で政策を協調し合う必要性が認識されていた。

そうした流れを受け、一九七五年、フランスのデスタン大統領の提唱により、第一回「サミット（先進国首脳会議）」が開かれた。参加したのは、フランス・アメリカ・イギリス・日本・西ドイツ（当時）・イタリアの計六ヵ国の首脳だった。

サミットでは、経済を立て直すための景気浮揚策や通貨問題、エネルギー問題などが話し合われた。そして毎年一回、首脳が集まり、その時どきの課題について話し合うことが決まった。

六ヵ国だったことから「G（グループ）6《シックス》」とも呼ばれたが、翌年にはカナダが加わりG7に。その後、新興国を加え、G20（主要二〇ヵ国・地域）になった。

世界をリードする国々

G7(G8)参加国	アメリカ・イギリス・フランス・ドイツ・日本・イタリア・カナダ・(ロシア)

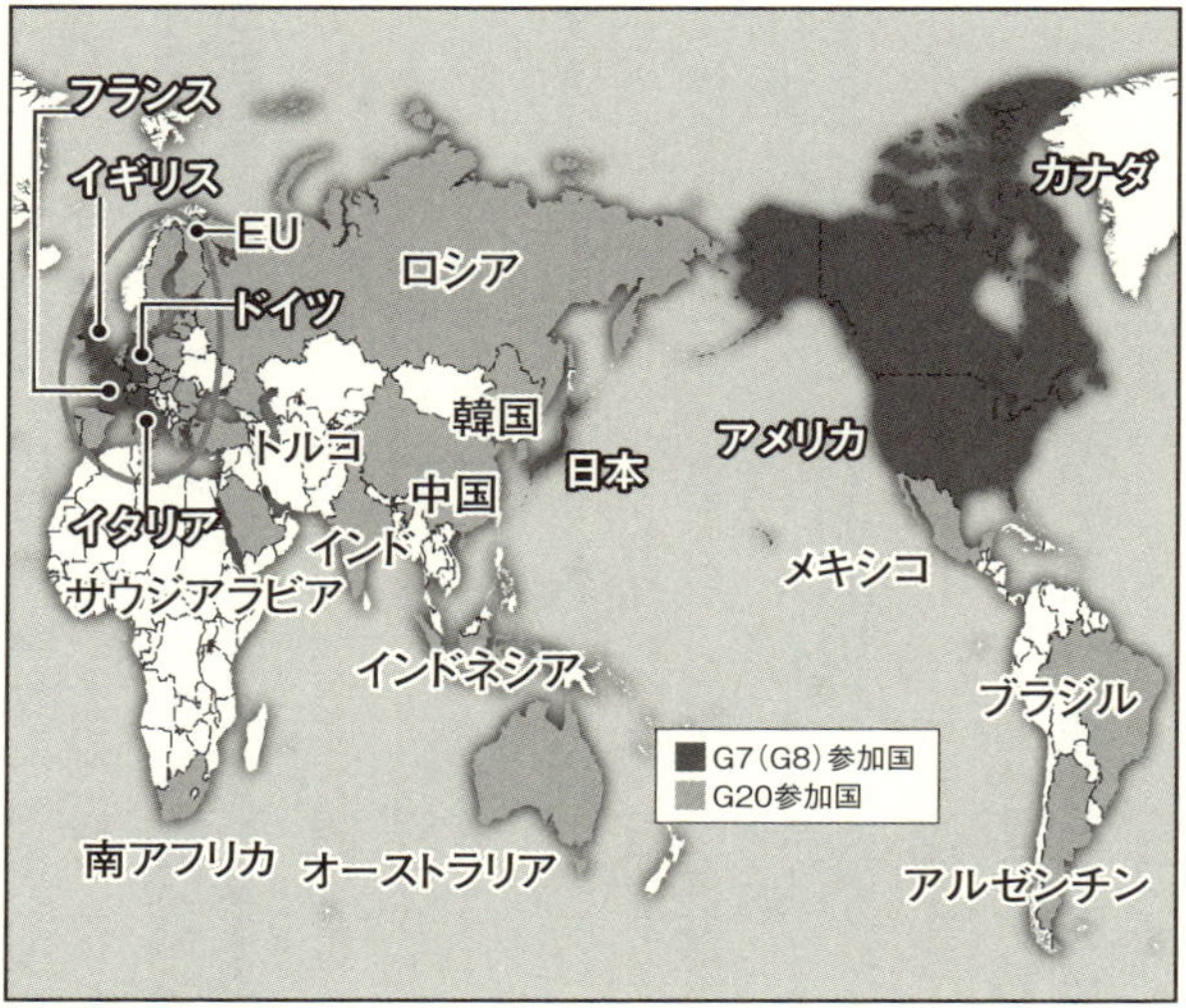

G20参加国	EU・アメリカ・イギリス・フランス・ドイツ・日本・イタリア・カナダ・ロシア・オーストラリア・中国・インド・ブラジル・アルゼンチン・メキシコ・韓国・インドネシア・サウジアラビア・南アフリカ・トルコ

ひとくちメモ

1977年からヨーロッパ共同体（EC／現EU）委員長が参加し、80年に正式メンバーとなった。98年からロシアが参加しG8に変化。次いで中国・インド・韓国・インドネシア・オーストラリア・ブラジルなどの参加が続いた。

1978年

鄧小平の「改革開放政策」

「大躍進」「文革」で疲弊した中国を立て直すための「四つの近代化」

「大躍進」（↓84ページ）に続き「文化大革命」（↓98ページ）によって大混乱に陥った中国は、経済建て直しのために「改革開放政策」へと歴史的な転換を遂げた。

主導したのは鄧小平《とうしょうへい》である。彼は文化大革命で実権派と糾弾されて失脚し、一九七三年に返り咲いたものの、七六年に周恩来《しゅうおんらい》の死の際に起きた「第一次（四五《しご》）天安門事件」で再び失脚していた。

毛沢東の死後、文化大革命が終わると、その翌年には再び復活。事実上の最高指導者として改革開放政策を推進し、八〇年代は鄧小平の時代になった。

改革開放政策が提唱されたのは、一九七八年十二月、中国共産党中央委員会全体会議においてのこと。鄧小平は、農業・工業・国防・科学技術の「四つの近代化」を掲げ、国内の改革と対外開放に力を注いでいった。

国がすべてを管理する計画経済から、市場原理を取り入れた経済へと大きな転換が図られたのである。

●発展する沿海地域

農業では、人民公社の生産性の低下が

食料不足を引き起こしていた。解決策として、農家に一定の権限を認める生産請負制が導入され、成果が確認されると、人民公社は解体された。

そして、産業育成のため、外資に門戸が開かれた。安価な労働力をアピールして外資を呼び込み、経済成長の糧《かて》としたのである。一九八〇年には沿海の福建省《ふっけんしょう》・広東省《カントンしょう》に経済特区を設けて、外国の資本や技術の積極的な誘致をはじめた。

そのためにインフラや法律を整備し、数々の優遇策を用意。八四年には沿海地域の一四都市を対外開放都市に定めた。

●解決されない矛盾

こうして中国の近代化は急速に進んでいく。一九八〇年代の経済成長率は九・七パーセントに上昇し、以降は一〇パーセントを超える高度経済成長を遂げる。

ただし、言論統制は続いた。外資とともに民主主義思想が押し寄せると、知識人や学生らによる民主化運動がはじまり、その主張を書いた「壁新聞」が北京の街に貼り出されて一時は「北京の春」と称された。だが、鄧小平に批判の矛先《ほこさき》が向けられると、弾圧の対象とされた。

また、経済が上向くにつれ拝金主義が広がり、官僚の腐敗なども蔓延《まんえん》する。沿海地域の経済発展の陰で内陸部は取り残され、経済格差は増す一方だった。

豊かな生活を夢見る農民が沿海部へ流入する現象も起き、社会の内包する矛盾がさまざまなかたちで現れはじめた。

鄧小平の「改革開放政策」とは

「四つの近代化」を実現する

- 農業
  - 生産意欲向上のため、生産請負制を導入し、人民公社を解体
- 工業
  - 産業育成のため、経済特区と対外開放都市を設置する
- 国防
- 科学技術

→ 共産主義体制のまま市場経済を取り入れる「社会主義市場経済」の開始

鄧小平

①長江デルタ

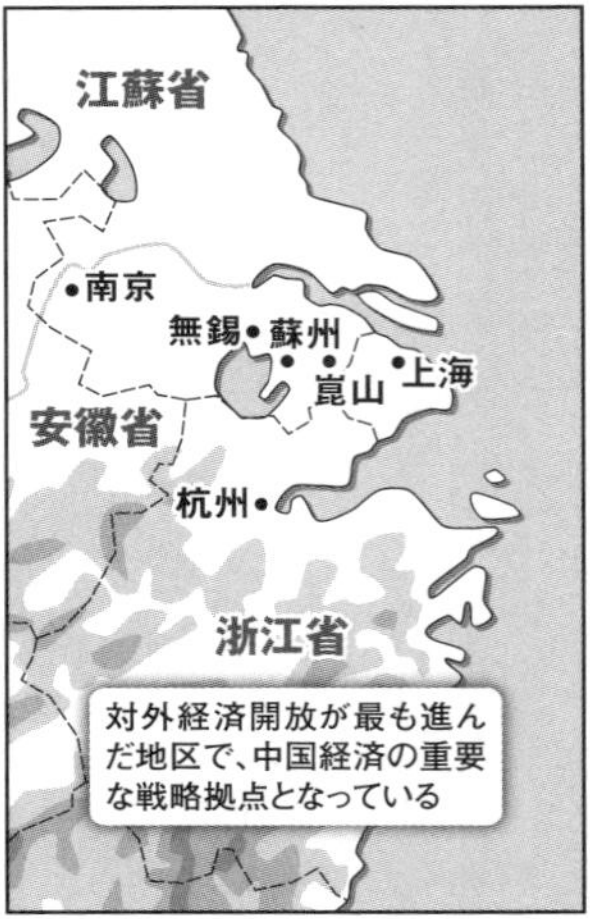

②珠江デルタ

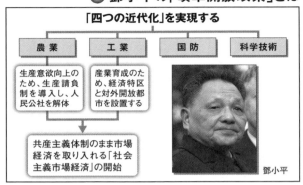

経済特区と対外開放都市

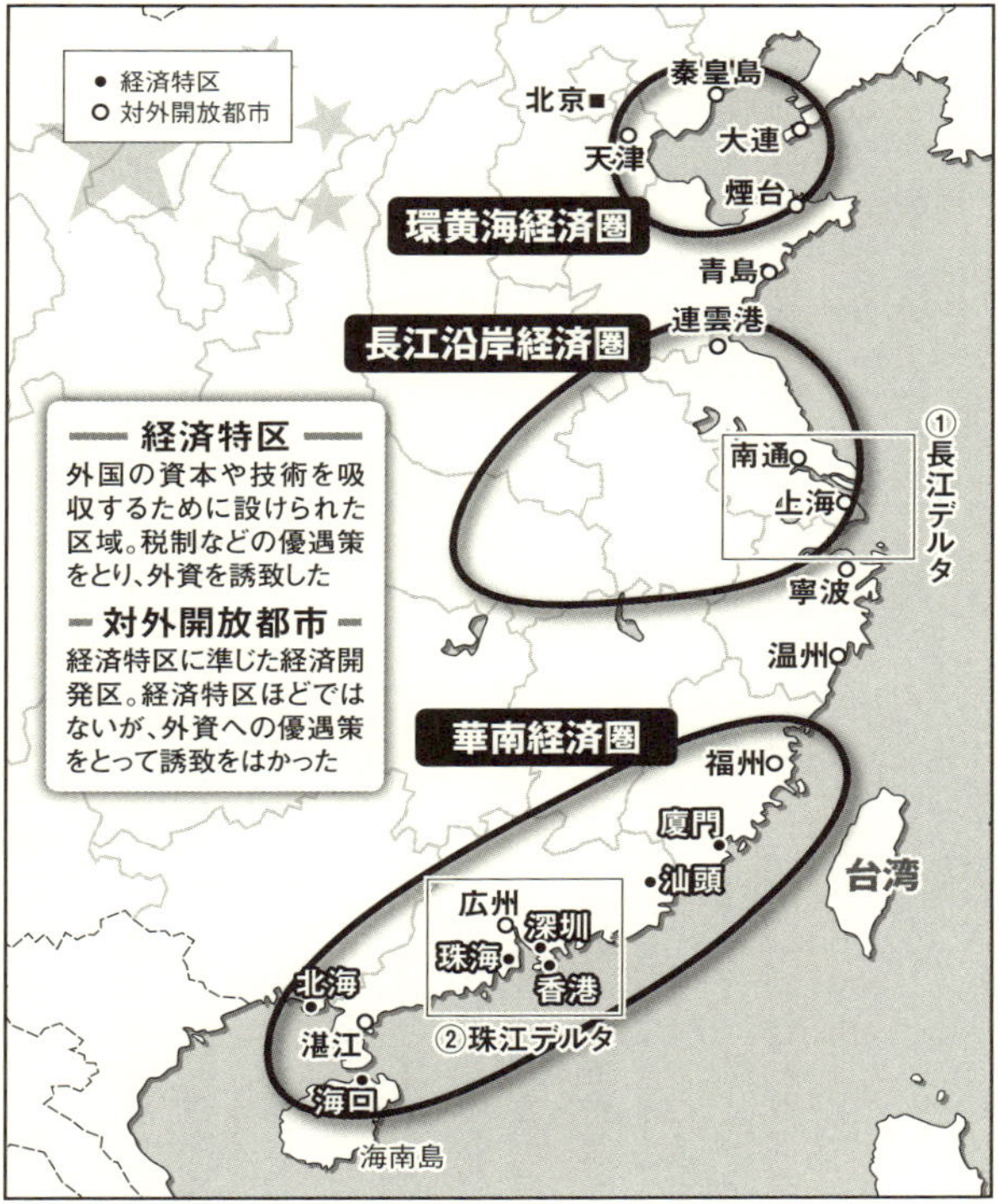

ひとくちメモ

鄧小平は徹底した実務派・現実主義者として知られる。それをよく表すのが、「白猫であれ黒猫であれ、ねずみを捕るのがよい猫だ」という発言。故郷の四川《しせん》省のことわざが由来で、それによると白猫ではなく黄猫だという……。

1979年

「イラン革命」が起こる

「白色革命」から一転、ホメイニ氏が主導して「反米・反資本主義」へ

イランでは、一九六〇年代からパーレビ（パフラビー）国王がアメリカの支援のもとで欧米化を進め、白色革命（↓72ページ）といわれた。

だが、イスラム共同体の破壊と弾圧、格差の拡大で国民の不満は鬱積《うっせき》していった。その多くはシーア派イスラム教徒で、国王を批判して国外追放中のホメイニ師が、反体制運動の精神的支柱だった。

一九七八年、聖地コムで神学生がデモを行なうと、都市部でデモや暴動が続いた。翌年、国王は国外へ逃れ、ホメイニ師が帰国。イラン革命によるイラン・イスラム共和国が誕生した。

ホメイニ師はイスラムの教えに厳格に基づく社会の再構築を掲げ、国の最高意思として最高指導者の座についた。そして反米・反資本主義政策を断行する。

同年十一月には革命派の学生がテヘランのアメリカ大使館を占拠する事件が発生した。大使館員六七人を人質に、渡米した前国王の身柄引き渡しを要求したのだ。人質解放までに一年以上もかかり、アメリカ社会に大きな衝撃を与えた。

イラン革命の展開

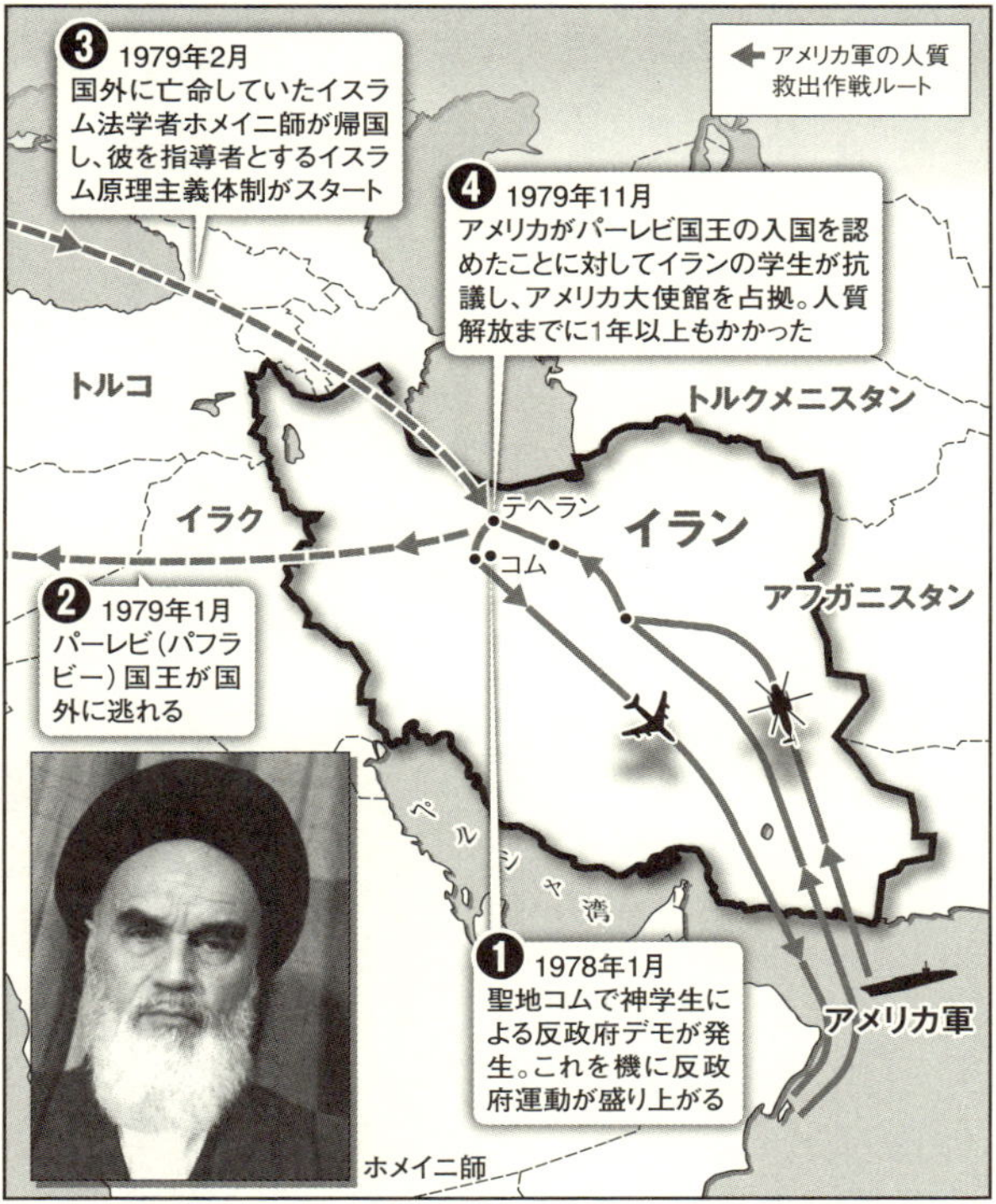
アメリカ軍の人質救出作戦ルート
3 1979年2月
国外に亡命していたイスラム法学者ホメイニ師が帰国し、彼を指導者とするイスラム原理主義体制がスタート
4 1979年11月
アメリカがパーレビ国王の入国を認めたことに対してイランの学生が抗議し、アメリカ大使館を占拠。人質解放までに1年以上もかかった
トルコ
トルクメニスタン
イラク
テヘラン
イラン
コム
アフガニスタン
2 1979年1月
パーレビ（パフラビー）国王が国外に逃れる
ペルシャ湾
1 1978年1月
聖地コムで神学生による反政府デモが発生。これを機に反政府運動が盛り上がる
アメリカ軍
ホメイニ師

ひとくちメモ

アメリカは冷戦下の対ソ戦略においてイランを支援し、自陣営に組み込んでいたため、イラン革命によってその国内に築いていた軍事基地や拠点などを失った。また、イランの石油の利権も手放さざるをえなかった。

1980年

「イラン・イラク戦争」勃発

フセインの野望ではじまった戦いは泥沼化して「イラ・イラ戦争」に

一九七九年、イラン革命と同じ年、隣のイラクではサダム・フセインが大統領となり、その翌年九月、フセインは革命の混乱に乗じてイランを攻撃する。イラン・イラク（イ・イ）戦争の勃発である。

フセインは、国境の係争地を手に入れ、イランの油田地帯も掌握し、やがてはアラブ世界を統合する野望を抱いていた。

彼は短期決戦を企図したが、互いの都市をミサイル攻撃し合う泥沼の戦いとなり、ペルシャ湾のタンカー無差別攻撃や、石油施設の破壊なども繰り返された。

アメリカは、革命前はイランを支援したが、反米主義の革命が広がらないようイ・イ戦争ではイラクに資金や武器を提供した。ほかの西側諸国、多くのアラブ諸国も同様だった。一方、イスラエルやシリアなどはイランを支援した。

一九八八年、国連安保理の決議を受け入れ停戦が成立したが、犠牲者は双方で一〇〇万人ともいわれ、また、イランの原油減産は第二次石油危機を招いて世界を揺るがした。イラクは軍事大国となり中東はさらなる混乱に向かっていった。

イランとイラクの衝突

1980年 イラン・イラク戦争

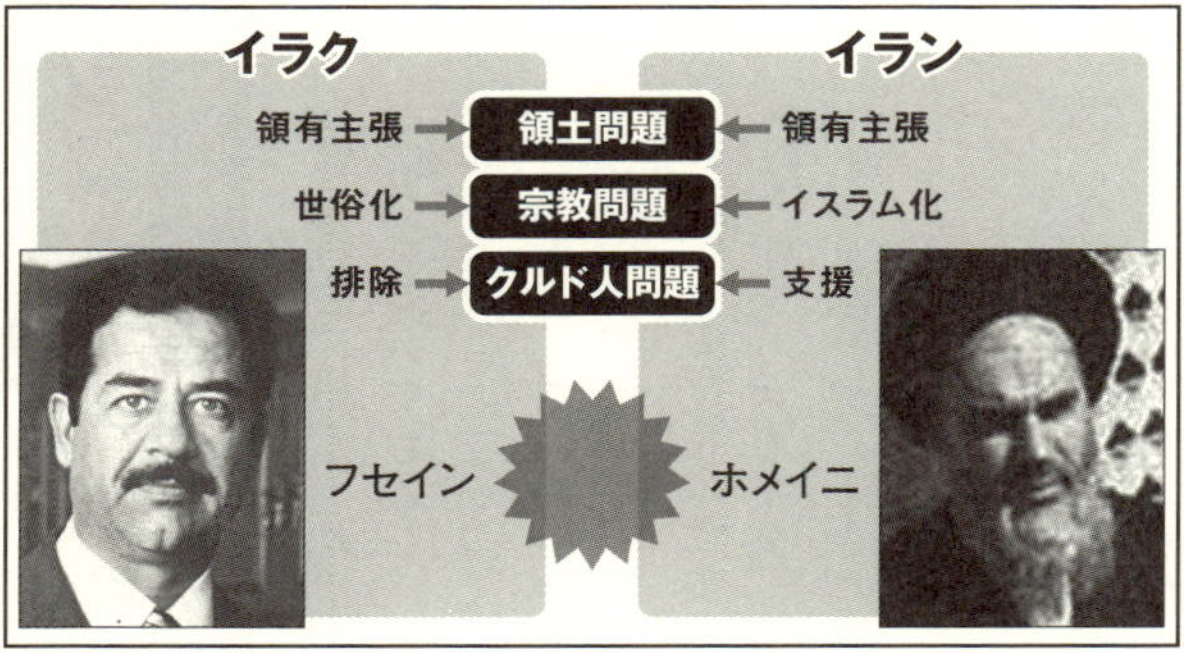

ひとくちメモ

膠着《こうちゃく》状態が長引き、日本では「イ・イ戦争」ならぬ「イラ・イラ戦争」と呼ばれた。当時、アメリカはホメイニ師より世俗的なフセインのほうが対話できる相手と考えていた。ホメイニ師の89年の死去もあり停戦、国交回復へ向かった。

1979年

ソ連のアフガニスタン侵攻

ゲリラ戦に苦戦を強いられ泥沼化、西側はモスクワ五輪ボイコット

一九七九年十二月二十四日、ソ連軍は突如南進し、国境を越えてアフガニスタンへ侵攻した。ソ連は東側陣営にアフガニスタンを強引に組み入れようと目論《もくろ》み、電撃的な侵攻作戦に出たのである。

軍事大国ソ連の侵攻に、すぐに決着がつくものと当初は考えられた。ところが、アフガニスタンでゲリラ部隊が次々と組織され、強力な抵抗運動を展開していく。

国民のほとんどがイスラム教徒のアフガニスタンでは、ソ連の共産主義は嫌われた。神学生のタリバンなどのグループが徹底抗戦に出る。地形が複雑な場所などに身を潜めて急襲し、ソ連軍は慌てふためいた。

これを支えていたのがアメリカで、密かに武器の提供や訓練なども行なった。

戦いは泥沼化し、ゴルバチョフ新書記長の決断で、ソ連軍は大損害を出し撤退した。その後、アメリカはアフガニスタンとの距離を縮めるかと思われたが、アフガニスタンに安定が訪れることはなく、やがてアメリカとの戦争へ突入することになるのである。

ソ連によるアフガニスタン侵攻

アフガニスタン紛争の構図

ひとくちメモ

ソ連撤退後、アフガニスタン国内では民族間の対立が激しさを増し、内戦状態となった。自国民同士が殺し合う悲惨な状況となったが、ソ連が撤退して興味を失ったアメリカは、これには積極的に関与しようとはしなかった。

1970年代

米・英・日「タカ派三政権」の誕生

レーガン・サッチャー・中曽根…「小さな政府」を標榜する新保守主義

一九七〇年代後半から八〇年代にかけて、西側ではタカ派の「小さな政府」が続々と誕生する。政府の介入を極力なくし、市場原理を働かせて経済を活性化させる新自由主義を推進したのだ。

イギリスでは保守党のサッチャー首相が大胆な改革を断行した。「ゆりかごから墓場まで」といわれた福祉制度にメスを入れて社会保障費を抑制、国有企業の民営化や規制緩和などを進めた。フォークランド諸島をめぐるアルゼンチンとの紛争での強硬姿勢も人気につながった。

アメリカでは八〇年代に入って共和党のレーガン政権が誕生。財政支出削減・大幅減税・規制緩和などで好況が続いた。だが、「強いアメリカの復活」を掲げ、「悪魔の帝国」と呼ぶソ連との軍拡競争に力を入れ、莫大な軍事費で財政赤字を拡大させた。対外債務とともに〝双子の赤字〟を抱え、債務国に転落していく。

日本では中曽根首相が積極的な外交を展開し、人気となった。レーガンと「ロン・ヤス」と呼び合う仲が強調されたが、日米の貿易摩擦は激しくなっていった。

西側の“タカ派の3人衆”

マーガレット・サッチャー

政権在位
1979～90年

イギリス初の女性首相として3期つとめた。「鉄の女」の異名をもつ。市場原理を導入し、それまで低迷していたイギリス経済を回復させる一方、社会保障費を抑制するなどしたため批判を浴びた

中曽根康弘

政権在位
1982～87年

「戦後政治の総決算」をスローガンとし、5年にわたる長期安定政権を保持。アメリカのレーガン大統領との親密な「ロン・ヤス関係」を強調することにより、「世界の中曽根」をアピールした

ロナルド・レーガン

政権在位
1981～89年

元俳優の大統領。「大きな政府」から「小さな政府」への転換を目指したが、ソ連との軍拡競争に力を入れ、莫大な軍事費で財政赤字を拡大させる。貿易赤字も増え、“双子の赤字”が深刻化した

ひとくちメモ

ロン・ヤス関係の原点とされるのが、東京都西多摩郡日の出町にある中曽根元首相の別荘「日の出山荘」である。2人はここで首脳会談を行ない、意気投合した。日本版「キャンプ・デービッド」（アメリカ大統領の別荘）。

リチャード・ニクソン

アメリカ

“悪役”イメージの強い大統領

アメリカの第37代大統領ニクソンは、ドル防衛策を強行したり（ニクソン・ショック）、1972年の大統領選期間中にウォーターゲート事件（盗聴未遂事件）を起こし、辞任に追い込まれたため、“悪役”のイメージが強い。

しかし、ニクソンには功績も多い。社会主義国の中国に接近して関係を改善し、泥沼化していたベトナム戦争を休戦させている。なにかと比較されるケネディより評価は低いが、ニクソンが戦後の世界史に与えた影響は非常に大きいのである。

ウサマ・ビン・ラディン

サウジアラビア

世界を震撼《しんかん》させたテロ組織の首魁《しゅかい》

ビン・ラディンは国際テロ組織「アルカイダ」の指導者で、アメリカ同時多発テロをはじめ数々のテロを行なった。サウジアラビアの大富豪の家に生まれた彼は、過激なイスラム原理主義を掲げて反米闘争を繰り広げた。

しかし、ソ連のアフガニスタン侵攻時、アメリカはソ連と戦うイスラム戦士を支援。そのなかに彼もいたのだ。その後の湾岸戦争で、聖地メッカのある自国に米軍が基地を置くと、ビン・ラディンは反米姿勢を強め、アメリカへのテロを開始したのだった。

冷戦の終わり

ペレストロイカで冷戦が終わり、ソ連は崩壊する

年	出来事
1985年3月	ソ連書記長に就任したゴルバチョフがペレストロイカを実施
1985年9月	プラザ合意。日本経済はバブル状態に
1986年4月	チェルノブイリ原発が爆発
1986年9月	ウルグアイ・ラウンドがはじまる
1987年10月	ニューヨーク株式市場で大暴落（ブラック・マンデー）
1987年12月	中距離核戦力（INF）全廃条約

一九八五年、ゴルバチョフがソ連のトップについたことで、世界秩序は大きく変わった。行き詰った社会主義経済の回復のために進められた「ペレストロイカ（改革）」が、世界を動かしたのである。

アメリカも軍拡競争で疲弊《ひへい》していた。レーガン大統領は財政支出の削減と減税に取り組む一方で、戦略構想に巨額を費やした結果、莫大な財政赤字を抱え、貿易赤字とともに〝双子の赤字〟に苦しんだ。

米ソ首脳は六年半ぶりに直接会談に臨み、一九八七年には配備した中距離ミサイルを撤去するという史上初の〝核兵器撤去条約〟を結んだ。ソ連は長期化したアフガニスタンからの撤退も決断する。そして、八九年、米ソ首脳はついに冷戦終結を宣言した。

ソ連の方針大転換により、支配下にあった東欧諸

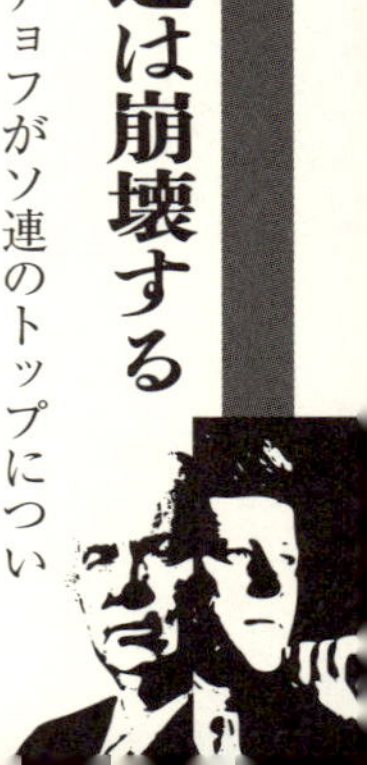

1989年5月	ハンガリー・オーストリア国境が開放される
1989年6月	天安門事件が起きる
1989年11月	チェコスロバキアでビロード革命が起きる
1989年11月	ベルリンの壁が崩壊する
1989年12月	マルタ会談で冷戦終結宣言が出される
1989年12月	ルーマニアのチャウシェスク大統領が処刑され、民主化実現
1991年7月	戦略兵器削減条約（STARTⅠ）
1991年12月	連邦構成国が独立を果たし、ソ連解体

国では自由化・民主化の動きが高揚した。八九年十一月、冷戦構造の象徴だった「ベルリンの壁」が破壊され、東西ドイツが統一される。

　ソ連邦のバルト三国が分離離脱に動き、危機感を抱いた保守派がクーデターを起こし失敗に終わるが、ゴルバチョフは辞任、共産党は解党し、ソ連邦が崩壊して独立国家共同体（CIS）が創設された。

　一方、資本主義圏では経済摩擦が激しくなり、〝アメリカひとり勝ち〟から多極化へ向かう。世界最大の債務国に転落したアメリカは、対日貿易の赤字を減らすためにさまざまな策に出た。

　ドルが不安定になるなか、先進五ヵ国はドル安に導く協調介入を決めたが、日本は低金利による金余り現象で不動産・株への投資が激増し、空前のバブル景気に向かう。円高ドル安を背景に欧米での不動産や企業の買収が相次ぎ、対日感情が悪化した。

1985年

ゴルバチョフの「ペレストロイカ」

疲弊したソ連を立て直す一大改革！「市場経済」導入と「情報公開」

大戦後、東側陣営を率いてきたソ連に、とうとう一大変革が起こる。一九八五年、チェルネンコに代わりゴルバチョフが共産党書記長となり、「ペレストロイカ（改革）」をはじめたのだ。

ソ連の経済は硬直化した社会主義政策により疲弊《ひへい》し、生産性は低下していた。ゴルバチョフは計画経済を見直し、市場原理も導入した改革を推し進めた。

また、従来の秘密主義を廃し「グラスノスチ（情報公開）」を打ち出し、社会や経済の問題点を国民に明らかにした。

さらに、複数政党制度を認めるなど、これまでにない大胆な改革に着手、社会の各方面を自由化することで、停滞していた経済を活性化しようとした。

だが、筋書きどおりにはいかない。ソ連の経済はさらに悪化、弾圧を緩めた結果として各地で民主化・民族運動が起こり、独立を目指す動きも拡大する。

ゴルバチョフは、のちに冷戦を終結させ、初の核軍縮条約を結んでノーベル平和賞を受賞するが、ソ連は体制を維持できず解体へと向かうのである。

ゴルバチョフによる改革

1980年代、ソ連の経済は大いに疲弊し、
政治の腐敗も深刻化

国民の不満が高まる

↓

ゴルバチョフが共産党書記長となり、
ペレストロイカ(改革)を行なう

ペレストロイカの2本の柱

市場経済の導入

社会主義に基づく計画経済を見直し、**国営企業に独立採算制**を導入したり、外資企業の国内進出を一部認めるなど、**資本主義の原理である市場経済体制を採り入れた**

グラスノスチ

グラスノスチは**情報公開**の意味で、ソ連当局がもっている情報を一般に公開することにした。また言論統制を緩め、**表現の自由を認める**ことにした

ひとくちメモ

ソ連は東欧の社会主義陣営の国々に、ソ連の路線に従う「ブレジネフ・ドクトリン」を強要してきた。ゴルバチョフが1989年、新たに打ち出したのは「シナトラ・ドクトリン」。自分たちが決めた「マイ・ウェイ」を行くように求めた。

1985年

ドル高是正の「プラザ合意」

アメリカの貿易赤字解消を目的に、各国協調介入で「円高ドル安」へ

一九八五年九月、ニューヨークのプラザホテルに先進五ヵ国の蔵相が集まり、ドル高是正の取り決めが交わされた。これを「プラザ合意」という。

アメリカは莫大な貿易赤字を抱え、世界最大の債務国に転落していた。敵視されたのが、日米貿易で巨額の黒字を出し続ける日本だ。日本製の良質・安価な自動車・鉄鋼・テレビ・半導体などがアメリカに溢れ、貿易摩擦が生じていた。

アメリカは対日貿易赤字を減らすため、先進五ヵ国の協調介入で円高ドル安に誘導しようとしたのである。

その結果、合意時点の一ドル二四〇円前後から翌年には一二五円前後まで円高が進み、日本製品の競争力は低下した。円高不況で、日銀は低金利政策をとる。

この後、景気が上向くと、余剰資金が株式や不動産へ流れ、異様な高値で取引された。バブル景気である。

その絶頂期の一九八九（平成元）年十二月、日経平均株価は四万円に迫る。貿易摩擦は悪化し、アメリカのさまざまなジャパン・バッシングが加速した。

プラザホテルでの会談内容

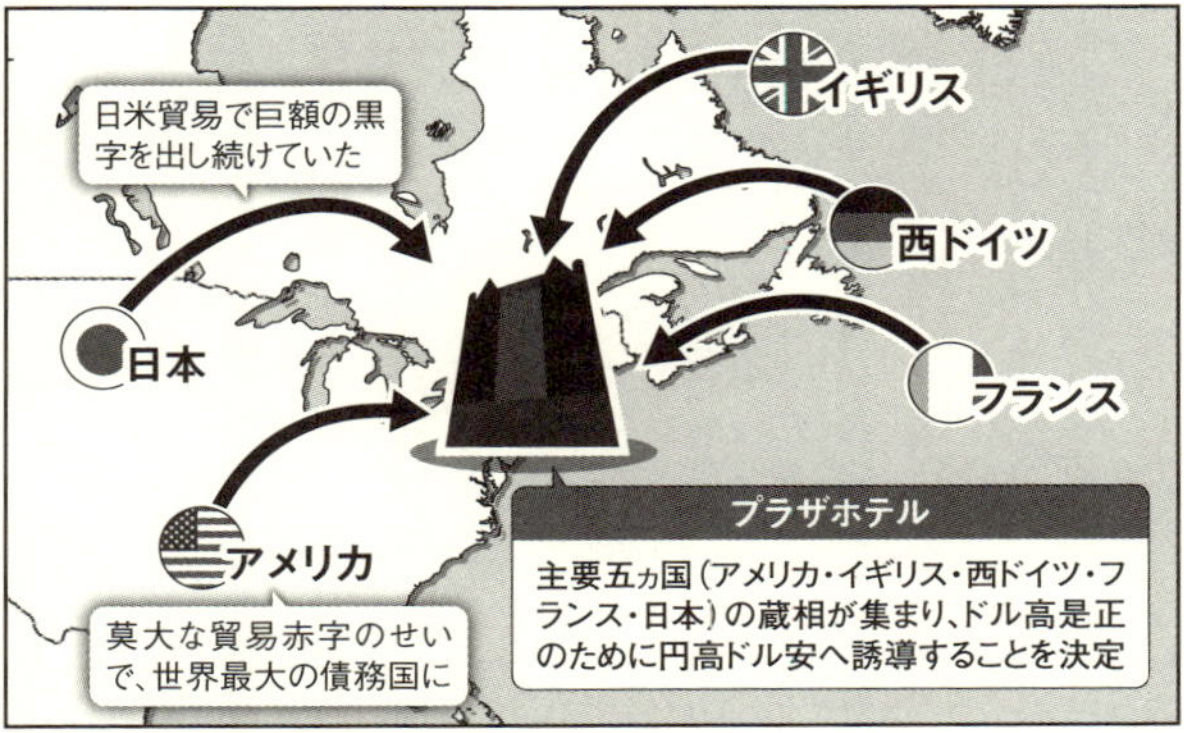

プラザ合意後の円相場

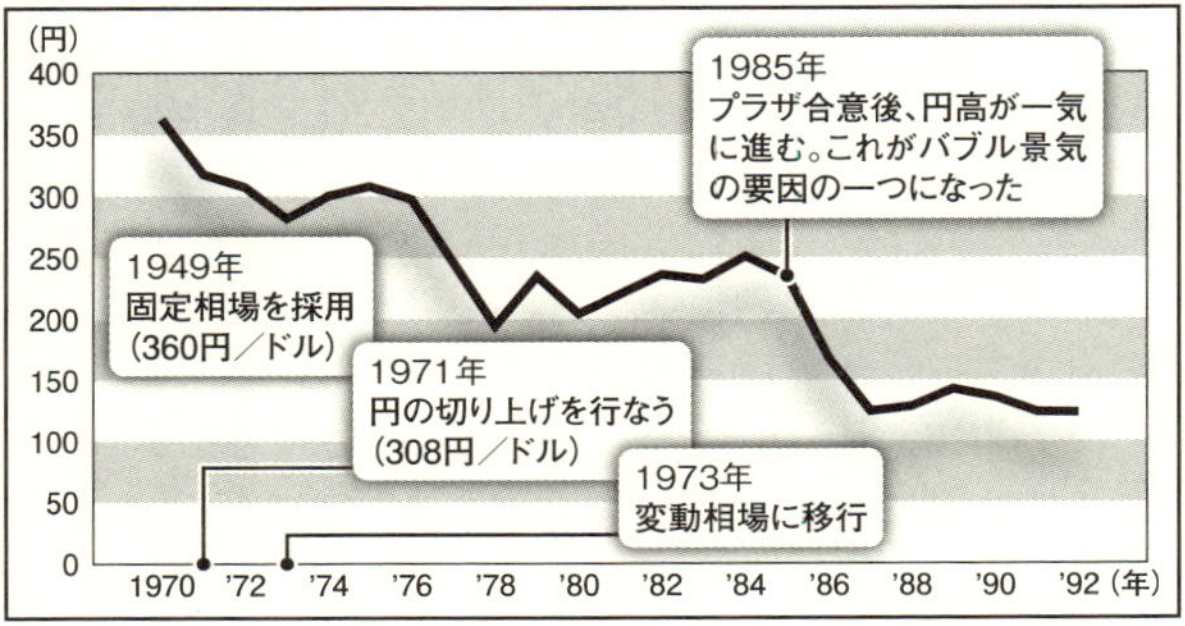

ひとくちメモ

バブル期には三菱地所のロックフェラー・センター買収、安田海上火災保険によるゴッホ作『ひまわり』の58億円落札など、日本企業の大規模投資が世界を騒がせた。国内では庶民も財テクに走り、“イケイケ”ムードで夜遊びに興じた。

1986年

チェルノブイリ原発事故

「安全神話」を吹き飛ばす最悪の事態が、ソ連ウクライナで発生

科学技術の進歩もあり、原子力発電は「安全で効率的でクリーン」という神話ができていた。それを完全に吹き飛ばす史上最悪の大事故が、一九八六年四月、ソ連（現ウクライナ）で発生する。チェルノブイリ原発事故である。

キエフの北方約一〇〇キロのチェルノブイリでは、当時四基の原子炉が稼働中で、そのうち最新鋭の4号炉が暴走・爆発し、広島に落とされた原子爆弾の五〇〇倍となる放射性物質が飛散した。

保守点検を前に出力を落とす実験を行なうさなかでの事故であり、人災の側面が強いとされる。放射能汚染は、ヨーロッパを中心に広範囲に広がった。

ソ連政府の事故対応もずさんで、兵士を計画性なく消火活動に参加させ、二〇〇〇人の被爆者を出した。周辺住民への避難命令が出るのも遅く、一六〇〇万人とも九〇〇万人ともいわれる被爆者を出してしまった。

避難者の数は四〇万人、現在に至るまで周囲約三〇キロ圏の立ち入りが制限されている。

チェルノブイリ周辺の汚染地域

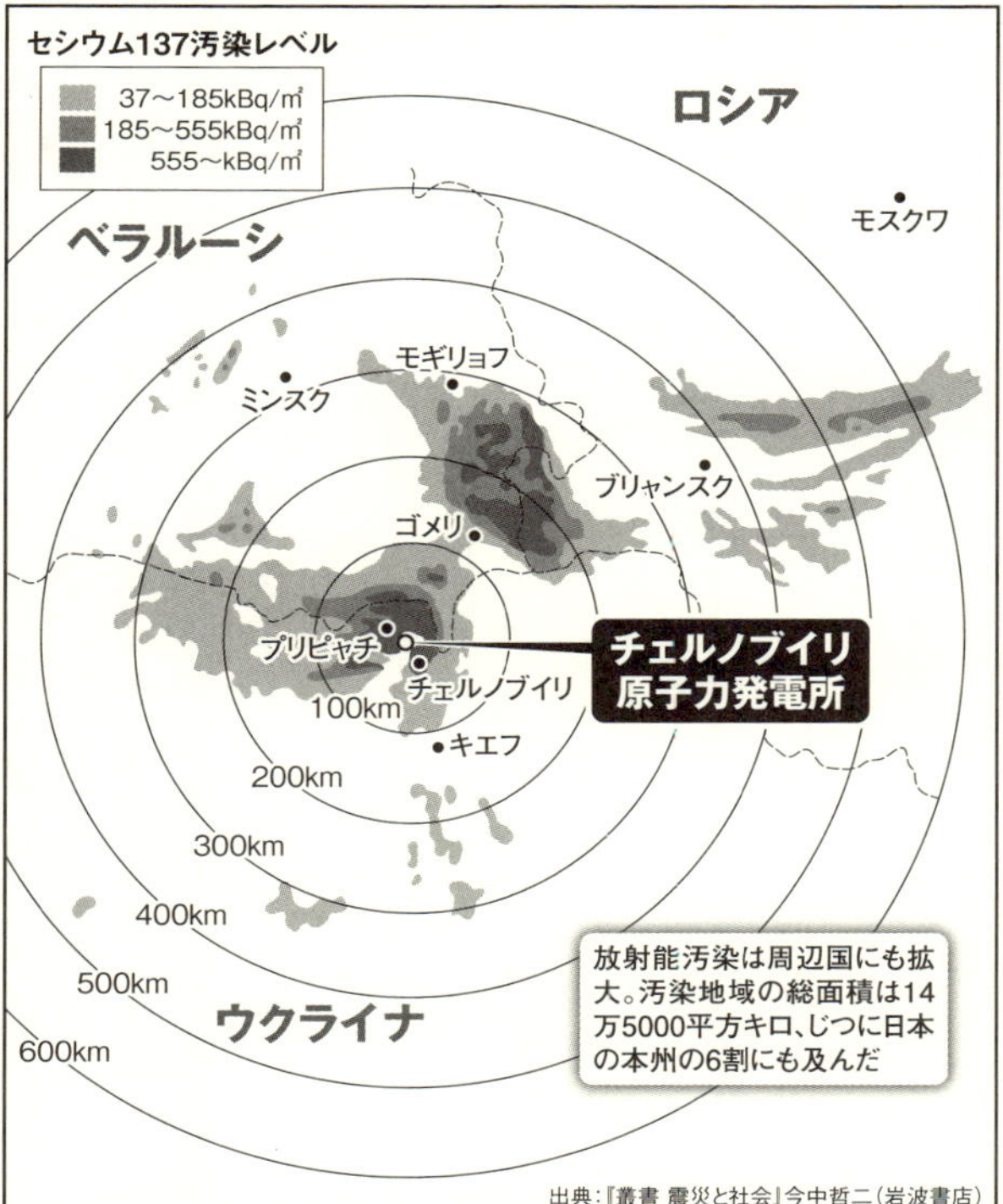

出典：『叢書 震災と社会』今中哲二（岩波書店）

ひとくちメモ

チェルノブイリ原発から飛散した放射性物質は、発電所近くに全体の24パーセント、ヨーロッパ側地域に3パーセント、アジア側地域に2パーセントの量が降ったと確認された。日本でも事故1週間後の雨水から確認されている。

1986年

「ウルグアイ・ラウンド」

「GATT」の多角的貿易交渉は、とくに農業分野で難航する

自由貿易を推進する「関税及び貿易に関する一般協定（GATT）」において、加盟国が参加しての多角的貿易交渉は「ラウンド」と呼ばれた。一九八六年にウルグアイではじまり九四年まで続いたのが「ウルグアイ・ラウンド」である。

八〇年代は日米の貿易摩擦が激しくなり、貿易の形態が複雑になるなか、保護主義的な圧力もかけられた。新たな分野の国際取引が増加したこともあり、変化に合わせた新たなルールが求められた。

焦点となったのが、農産物の市場開放だ。例外なき関税化、最低輸入枠の設定が決まり、国内の生産者保護のための輸入量制限は廃止された。

日本はコメの高関税を続ける猶予を得る代わりに、最低輸入枠の拡大に同意。さらに金融・情報通信・旅行などのサービス貿易、特許権や商標権・著作権など知的所有権の取り扱いが話し合われた。

参加国は当初の九三から最終的に一二三に達し、予定の期限を超えて話し合いが続いた。GATTに代わるWTO（世界貿易機関）設立も決定した。

GATTのラウンド交渉

回数	交渉名	交渉年	開催地・提唱者	参加国数	主な交渉内容
第1回	一般関税交渉	1947	ジュネーブ	23	関税引き下げ
第2回	一般関税交渉	1949	アヌシー	13	関税引き下げ
第3回	一般関税交渉	1950〜51	トーキー	38	関税引き下げ
第4回	一般関税交渉	1956	ジュネーブ	26	関税引き下げ
第5回	ディロン・ラウンド	1961〜62	C.D.ディロン	26	関税引き下げ
第6回	ケネディ・ラウンド	1964〜67	J.F.ケネディ	62	関税引き下げ方式の変更
第7回	東京ラウンド	1973〜79	東京	102	関税引き下げと非関税障壁の低減
第8回	ウルグアイ・ラウンド	1986〜94	ウルグアイ	123	農業分野の自由化、サービス・知的財産権分野の規定と、WTOの設立

農業分野の自由化交渉において、日本はコメ市場の開放を迫られ、778％の関税を維持する代わりに毎年一定量のコメ（ミニマム・アクセス）を関税なしで輸入することを義務づけられた

米の自由化に反対の声をあげる農業関係者（Fujifotos/アフロ）

ひとくちメモ

最低輸入枠は通常、国内消費量の3〜5パーセント。日本は778パーセントというコメの高関税を6年続ける代わりに、4〜8パーセントの輸入枠を受け入れた。しかし、輸入米は需要が少なく、多額の税金で赤字を穴埋めしている。

1987年

史上初の〝核軍縮条約〟締結

米ソで交わされた画期的な「INF全廃条約」で新時代へ向かう

一九八五年、ソ連でゴルバチョフがソ連共産党書記長に就任すると、米ソは新時代へと向かった。ゴルバチョフは外交政策を大きく転換し、スイスのジュネーブにおいて、じつに六年半ぶりとなる米ソ首脳会談が行なわれた。

米ソ関係は七〇年代に緊張緩和したものの、レーガン大統領の戦略防衛構想や、地上発射巡航ミサイル配備などで再び対立が深まっていた。

ゴルバチョフ登場により新たな時代を迎えた米ソは、一九八七年、ついに「中距離核戦力（INF）全廃条約」を結ぶ。地上に配備された中距離・準中距離のミサイルをすべて廃棄するものだ。

カテゴリー限定とはいえ、これは史上初の核軍縮条約である。現状より増やさないよう管理するSALTなどの取り決めから、すでに配備したミサイルの撤去、削減へと画期的な進歩を遂げた。

さらにブッシュ政権となって冷戦が終わると、一九九一年の「戦略兵器削減条約（STARTⅠ）」、九三年のSTARTⅡにより、核兵器は大幅に削減された。

世界の核兵器保有状況と削減条約

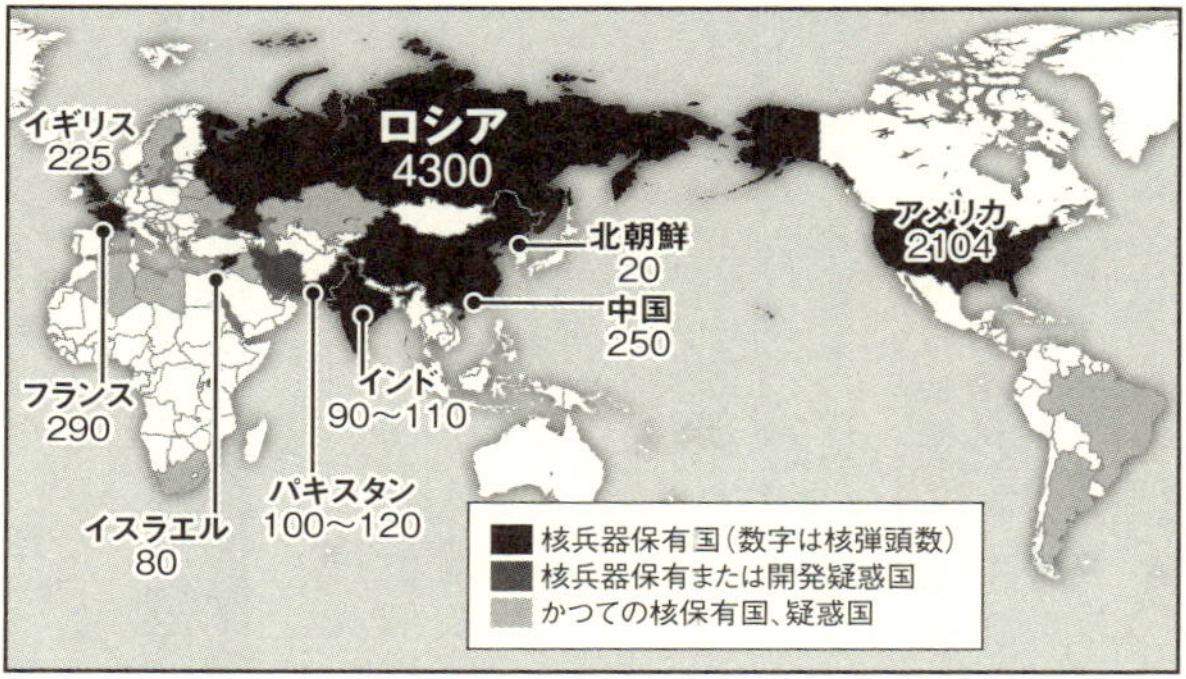

出典：SIPRI（2014）

1963 **部分的核実験停止条約（PTBT）**
→米英ソが大気圏・宇宙・水中における核実験を禁止

1968 **核拡散防止条約（NPT）**
→核拡散を禁止するとともに、核保有国の増加を防止する

1972 **戦略兵器制限交渉（SALTⅠ）**
→米ソが大陸間弾道ミサイルなどの数量規制を目指す

1979 **戦略兵器制限交渉（SALTⅡ）**
→米ソが大陸間弾道ミサイルなどの数量規制を目指す

1987 **中距離核戦力（INF）全廃条約**
→米ソが配備済みの中距離核戦力の全廃を決定

1991 **戦略兵器削減条約（STARTⅠ）**
→米ソが戦略核戦力の削減を目指し、条件付き合意

1993 **戦略兵器削減条約（STARTⅡ）**
→米ソが戦略核戦力の削減を目指し、条件付き合意

1996 **包括的核実験禁止条約（CTBT）**
→国連にて核兵器全般の爆発実験禁止を採択

ひとくちメモ

INF全廃条約により、アメリカではミサイル866基、ソ連ではミサイル1752基が廃棄された。STARTⅠは、戦略兵器ピーク時のおよそ半分までを7年で削減するという内容で、STARTⅡはさらに半分に削減する、などとした。

1987年

「ブラック・マンデー」

ニューヨークで「ダウ」が過去最大の下げ幅！ すわ世界恐慌⁉

一九八七年十月十九日の月曜日、アメリカ・ニューヨークの株式市場で史上最大の大暴落が起きた。ダウ平均株価が二二・六パーセントも下がり、一日で五〇〇〇億ドルもの資産が消えたのである。

これは世界恐慌の発端「ブラック・サーズデー」にならって、「ブラック・マンデー」と称された。

衝撃の波は世界同時株安へと向かう。日本の株式市場は翌二〇日、日経平均が史上最悪の一四・九パーセントも下落。大恐慌再来かとおそれられたが、各国政府の協調姿勢もあり、ほどなく終息した。日本は翌日には九・三パーセント上昇し、その後も株価は上がり続けた。

大暴落の原因ははっきりしないが、アメリカの巨額の赤字とインフレを背景に、金利上昇の憶測から株がいっせいに売られたとみられている。

また、コンピュータの売買プログラムが下げ幅を広げたともいわれる。売りの指令一色となり株式市場が下落すると、過剰反応でさらに大量の売り注文を出したということだ。

史上最大の株価暴落

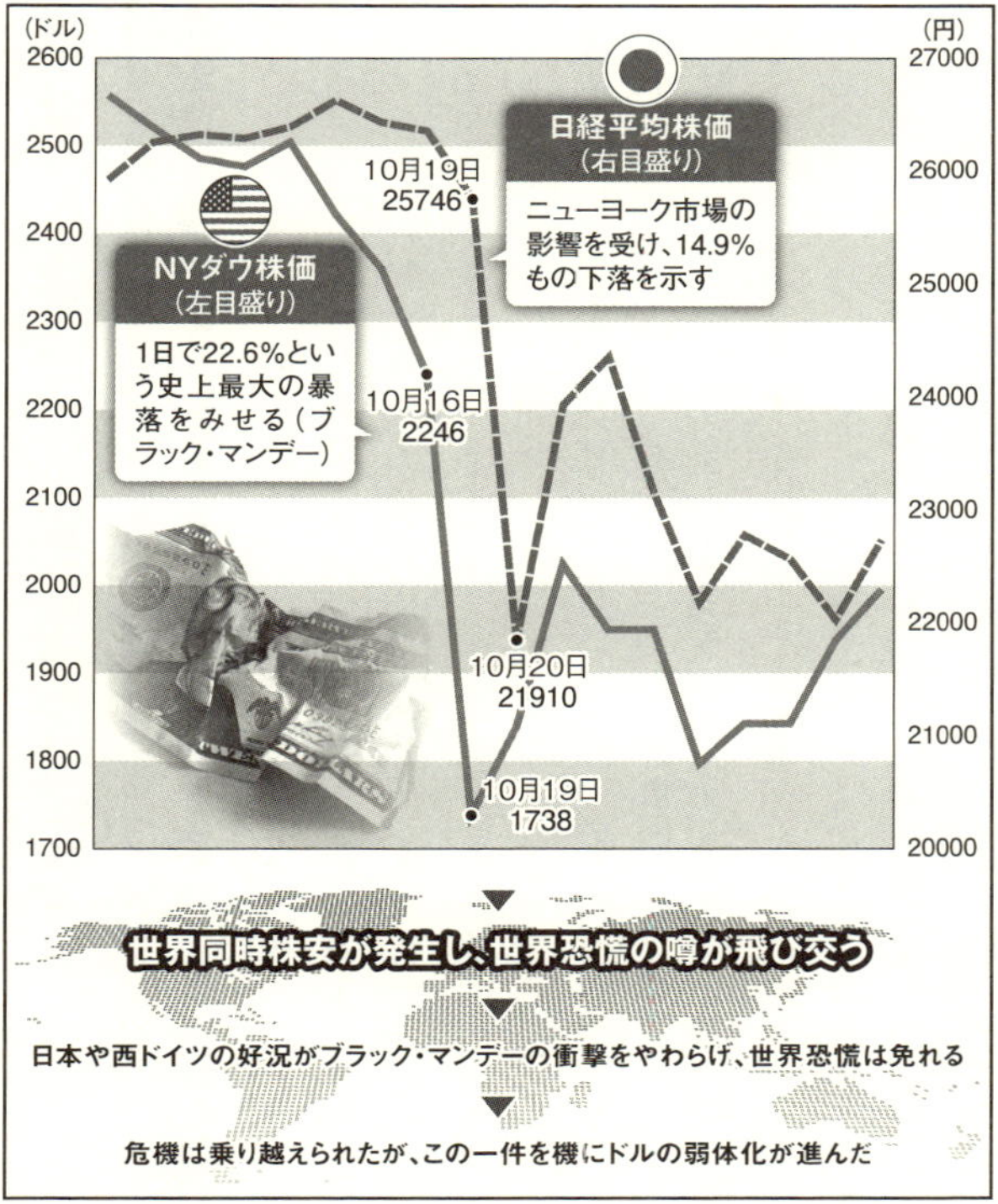
(ドル)
2600
2500
2400
2300
2200
2100
2000
1900
1800
1700
(円)
27000
26000
25000
24000
23000
22000
21000
20000
日経平均株価
(右目盛り)
ニューヨーク市場の影響を受け、14.9%もの下落を示す
10月19日
25746
10月20日
21910
NYダウ株価
(左目盛り)
1日で22.6%という史上最大の暴落をみせる(ブラック・マンデー)
10月16日
2246
10月19日
1738
世界同時株安が発生し、世界恐慌の噂が飛び交う
日本や西ドイツの好況がブラック・マンデーの衝撃をやわらげ、世界恐慌は免れる
危機は乗り越えられたが、この一件を機にドルの弱体化が進んだ

ひとくちメモ

当時のさまをよく伝えているのが、マーティン・スコセッシ監督の2013年の映画『ウルフ・オブ・ウォールストリート』。証券会社創業者の回想録に基づくストーリーで、本人役をレオナルド・ディカプリオが演じている。

1989年

「ベルリンの壁」が崩壊

"ソ連のくびき"を逃れた東欧諸国が雪崩を打って民主化される

ソ連のゴルバチョフ共産党書記長が進める「ペレストロイカ」は、東欧諸国にも及ぶ。一九八八年三月、社会主義国全体のために主権を制限するとした「ブレジネフ・ドクトリン」を否定、東欧諸国の内政へのソ連の不干渉を宣言（「新ベオグラード宣言」）したのである。

この大転換により、東欧諸国では民主化が進み、共産党による一党独裁体制から脱していった。そのなかで、冷戦の象徴だったベルリンの壁が崩壊する。その端緒《たんしょ》を開いたのは、ハンガリーだった。

ハンガリーは、それまでの社会主義労働党一党独裁から改革派の政権へと移り、八九年五月にはオーストリアとの国境を開放した。かつては一つの国をなしていた両国であり、これにより資本主義圏との行き来が自由になったのである。

●東西ドイツ統一へ

西側世界へと開いた扉に、東ドイツの人々は熱い視線を向けた。この夏、東ドイツからハンガリー〜オーストリアを経由して西ドイツへ逃れた人は数千人にものぼった。同じ東側の東ドイツからハンガリーへはビザは不要だったため、旅行者を装い、亡命したのである。

東ドイツ国民は自由を得るため命がけで西ドイツへの亡命に挑み続けていた。とくに西ベルリンは、東ドイツのなかの西側の飛び地となっており、取り囲むベルリンの壁を越えれば解放されると、射殺されるリスクを冒して壁を越える人があとを絶たなかったのだ。

そこへハンガリー経由の亡命ルートが開けたため、東ドイツは国民の流出を止めようと抑圧を強めたが、自由を求める動きはおさまらなかった。十一月はじめには数百万人のデモに発展し、ようやく旅行と出国の制度が変わることとなる。

そして十一月九日夕方、「即座に出国できる」と報じられたことから、ベルリンの壁に市民が殺到。膨大な人の群れはもはや抑えがたく、検問所の門が開かれ、人々が西ベルリンになだれ込んだ。

日付が変わると、さらに多くの市民が手に手にハンマーやつるはしを持って集まり、壁を破壊しはじめる――。

こうしてベルリンの壁は崩壊した。東西のドイツ人が歓喜に震え、世界が喜びに沸いた。そして翌九〇年十月には、東ドイツが西ドイツに編入されるかたちで、統一ドイツが誕生したのである。

●無血のビロード革命

ポーランドでは一九八〇年、早くも独立自主管理労働組合「連帯」が誕生し、ワレサ（ヴァウェンサ）議長が率いる民主化運動が進められていた。共産党政府は弾圧を続けたが、粘り強い活動が実を結び、ついに複数政党制が認められた。

八九年六月、制限付きだが東欧初の自由選挙が実施され、国民の圧倒的支持を集めて連帯が圧勝。初の非共産党政権が誕生し、ワレサが大統領に就任した。

チェコスロバキアでは、八九年十一月、学生を中心に民主化を求めるデモが続いた。支持の輪は広がり、とうとう共産党指導部の全員が辞職するに至る。およそ一ヵ月で無血の革命を達成したことから、その〝なめらかな〟移行は「ビロード（静かな）革命」ともいわれた。

これによって共産党一党独裁は終わり、反政府組織だった「市民フォーラム」が参加した連立政権が誕生した。

●血で血を洗ったルーマニア

ブルガリアでは社会主義体制のもと三五年にわたりトドル・ジフコフが独裁を続けていたが、八九年十一月、ついに退任した。国名はブルガリア人民共和国からブルガリア共和国へと改称された。

一方、権力にしがみつき、流血の惨事を招いたのが、ルーマニアの独裁者チャウシェスクだった。八九年十二月、民主化を求める市民を激しく弾圧したが、市民の怒りはもはやとめようもなく、二十五日、妻とともに公開処刑された。

翌年に自由選挙が行なわれ、救国戦線評議会のイリエスクが大統領に就任し、民主化を推進した。

1989年——東欧諸国の民主化

1989年6月、東欧初の自由選挙が実施され、「連帯」が圧勝。非共産党政権が誕生する
ハンガリーの国境開放を受けて民主化運動が激化。1989年11月にベルリンの壁が崩壊し、翌年には東ドイツが西ドイツに吸収されるかたちで東西統一が実現
ソ連
1989年12月、民主化デモをチャウシェスク大統領が弾圧するが、市民の勢いがまさり、大統領は公開処刑された
ポーランド
東ドイツ
1989年11月、民主化デモが共産党指導部を辞職に追い込み、無血の「ビロード革命」を達成
チェコスロバキア
オーストリア
ハンガリー
ルーマニア
無血で民主化を実現。1989年5月、オーストリアとの国境が開放され、西側諸国へ自由に行き来できるようになると、東ドイツの人々が殺到した
ブルガリア
アルバニア
1989年11月、独裁を続けていたジフコフが辞任し、共産党政権が崩壊した
ソ連とともに歩みを進めていた東欧諸国で、ドミノ倒しのように民主化が進んだ

東西冷戦の象徴であったベルリンの壁は、民主化の流れによって撤廃された

ひとくちメモ

ハンガリーで1989年8月に起きた「ピクニック事件」。ハンガリーに押し寄せた東ドイツの人々は、許可証がなく足止めされていた。そこで市民団体がオーストリアとの国境近くでピクニックを企画し、600人の出国を手助けした。

1989年

「マルタ会談」が開かれる

「ヤルタからマルタへ」…冷戦に終止符を打った米ソの首脳会談

「ペレストロイカ（改革）」を断行し、「グラスノスチ（情報公開）」を積極的に進めたソ連のゴルバチョフは、第二次大戦後にアメリカと繰り広げてきた冷戦にも終止符を打った。東側陣営の頂点に君臨し続けることは、ソ連にとってマイナスになると判断してのことだった。

すべてにおいて張り合い、勝敗をつけようとする冷戦で、ソ連経済は疲弊《ひへい》し切っていた。軍拡競争に莫大な費用を注ぎ込むにも限界があり、アメリカに接近し、融和を図ろうとしたのだ。

一九八九年十二月二日、地中海に浮かぶマルタ島沖のソ連艦船で、ゴルバチョフはアメリカ大統領ジョージ・ブッシュとの会談に臨んだ。この会談によって特別に条約を批准《ひじゅん》するということはなく、両国間で核兵器の危険性に関して話し合い、削減に合意したのである。

このマルタ会談が実現したことにより、冷戦の時代が終焉《しゅうえん》したことがはっきりと示された。一九四五年のヤルタ会談以降、米ソ両陣営に分かれて築かれた世界秩序が、大きく変わることとなった。

冷戦の終わりを告げる米ソ首脳会議

東ヨーロッパで共産党政権が次々に倒れる

↓

ベルリンの壁が崩壊する

↓

ソ連のゴルバチョフはアメリカとの融和を考える

↓

マルタ島沖のソ連艦船で、ソ連のゴルバチョフとアメリカのブッシュが首脳会談を実施。軍縮交渉の促進、東欧の民主化運動への不干渉などで合意し、冷戦の終結が宣言される

↓

1945年以来続いてきた冷戦の時代がついに終わりを告げる

ひとくちメモ

第二次大戦後のヤルタ会談にはじまった冷戦がマルタ会談で終わったことで、「ヤルタからマルタへ」という言い回しが用いられる。この年には東欧革命が進み、ベルリンの壁の崩壊に至っている。

1991年

「ソヴィエト連邦」の崩壊

クーデターの失敗や自治共和国の相次ぐ独立で、ついに決壊！

ゴルバチョフの改革路線は、それまで秘されていた共産党の腐敗を暴露し、不信感が高まった。ソ連邦に併合されていた地域では独立の機運が高まり、バルト三国（エストニア・ラトビア・リトアニア）は、一九九〇年八月にソ連邦を脱して独立すると宣言した。

これを機に他の自治共和国も次々と独立を目指し、ソ連邦内は混乱した。

共産党の守旧派はこの動きに強い危機感を抱き、一九九一年八月にクーデターを起こした。クリミアで休養するゴルバチョフを拉致《らち》軟禁したのである。

高官八人が「国家非常事態委員会」を設置し、ゴルバチョフは病気という理由で指導者としての地位を奪い、旧ソ連に戻そうと試みた。だが、ロシア共和国のエリツィンなど民主改革派が激しく抵抗し、クーデターは失敗に終わる。

そして、エリツィン率いるロシアを中心に、九一年、一一の共和国からなる独立国家共同体（ＣＩＳ）が結成された。こうして、ロシア革命以来、七四年にも及んだソ連邦は崩壊し消滅したのだ。

1991年8月のクーデター

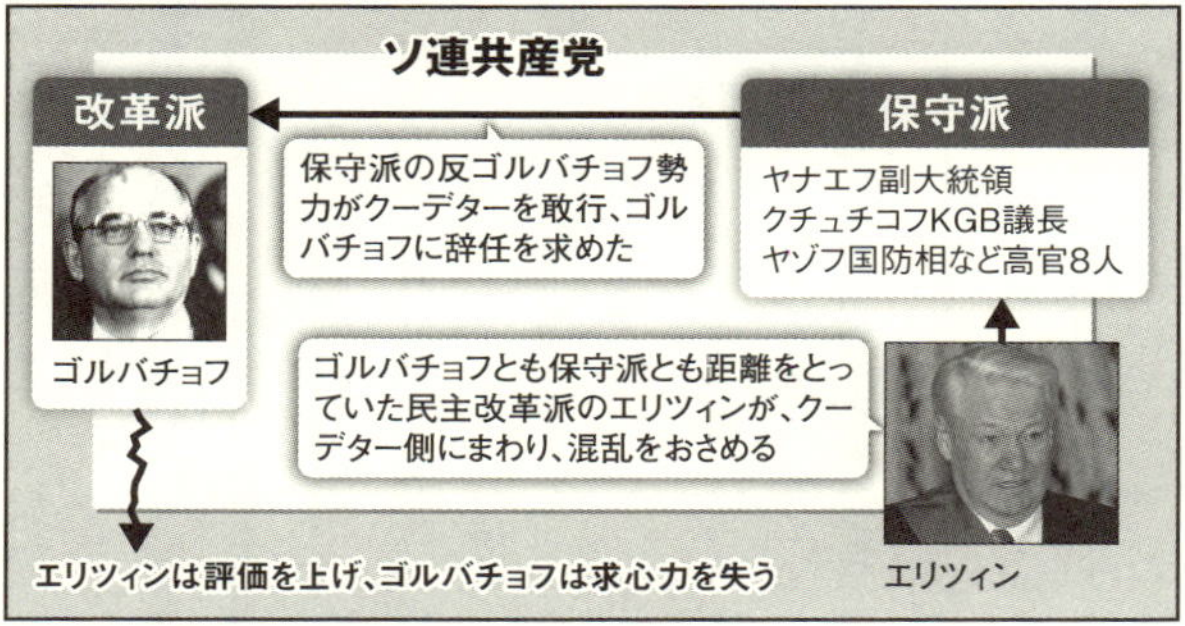

ソ連から独立した国々

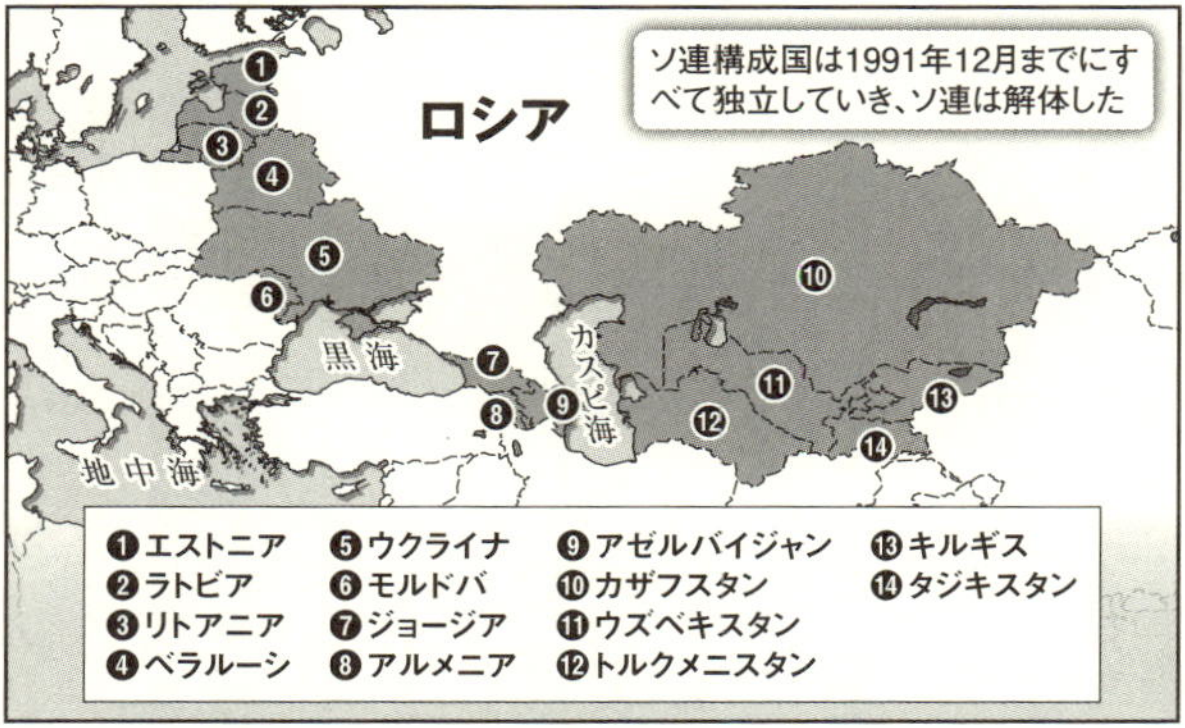

ひとくちメモ

エリツィンは1990年のロシア共和国の選挙に立候補し、ソ連共産党を激しく批判するキャンペーンを展開。おりからの共産党に対するモスクワ市民の不信感から、全投票数の90パーセントの票を獲得して大統領となった。

1989年

「天安門事件」が起こる

犠牲者の数は不明!? 「人民解放軍」の戦車に圧殺された民主化要求

一九〇〇年代末には、中国でもついに民主化運動が起こる。共産党指導部のなかでも、総書記の胡耀邦《こようほう》は学生を中心とする民主化要求に理解を示していた。だが、これに危機感を抱いた一派により、胡耀邦は一九八七に失脚させられ、八九年四月、失意のまま死亡した。

彼を支持していた学生らの追悼《ついとう》デモは、やがて民主化デモへと発展していく。

その時期、ゴルバチョフが訪中し、普段は厳しく報道規制する中国当局が特別に取材ビザを発行した。これに目をつけた学生らは、世界のメディアに民主化が進まない現状を訴えようと天安門広場に集結し、座り込みに入ったのである。

広場を占拠した学生の数は、最盛期でじつに一〇〇万人にもなった。

世界が見つめるなか、共産党は人民解放軍を投入、徹底した弾圧・排除に乗り出した。天安門広場に戦車で突入し、無差別発砲の末、武力制圧したのである。

三一九人の死者、九〇〇〇人の負傷者が出たと政府は発表したが、実際の数ははるかに多かったといわれている。

天安門事件の現場

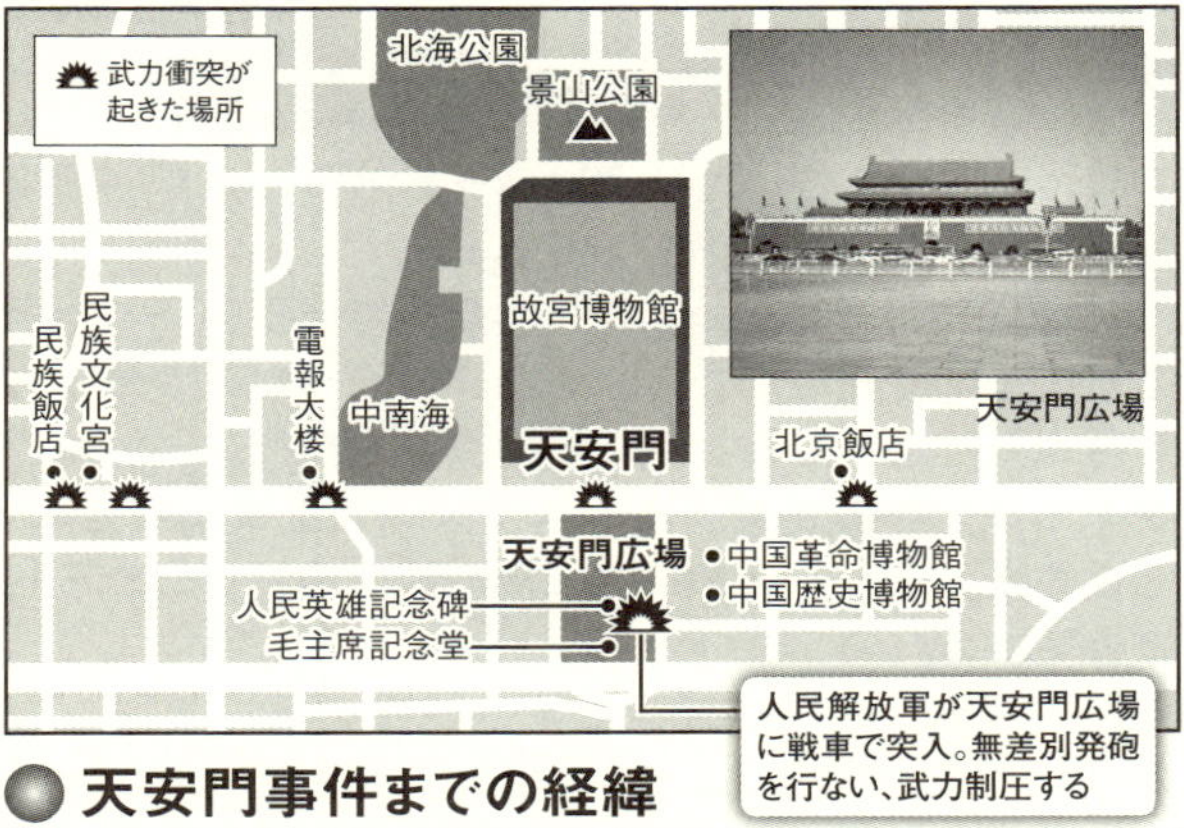

天安門事件までの経緯

1979年～改革開放経済
鄧小平が経済再建を目指して打ち出す
市場経済の導入を図るも、政治は共産党独裁のままで民主化せず

▼

さまざまな問題が発生
①貧富の差の拡大 ②インフレの進行 ③農村から脱出する人々の急増

▼

政治への不満が鬱積《うっせき》

▼

民主化を希求する人々が天安門広場に座り込む

ひとくちメモ
4月中旬の胡耀邦の追悼集会を機に、天安門広場に続々と集まりはじめた若者たちは、平和的にハンガーストライキを行なっていた。手づくりの自由の女神像のような像を立てるなどしていたが、戦車で蹴散らされることとなった。

ミハイル・ゴルバチョフ ソ連

冷戦を終わらせたソ連最後の指導者

戦後、長らく続いた東西冷戦を終わらせたソ連最後の指導者がゴルバチョフである。

1985年3月、チェルネンコ共産党書記長の死を受けて書記長に就任したゴルバチョフは、ペレストロイカを基本方針として政治や経済の改革を断行。チェルノブイリ原発事故が起きるとグラスノスチ（情報公開）を進めた。そしてアメリカに接近し、冷戦を終わらせたのである。

国内改革は十分に成功せず、ソ連の解体を防げなかったが、西側諸国にとってはヒーローだった。

サダム・フセイン イラク

中東に混乱をもたらしたイラクの独裁者

フセインはイラクで独裁体制を築いていた。スンニ派の人々を優遇し、シーア派や少数民族を冷遇。批判する者は弾圧、という恐怖政治を続けていた。

しかし2003年、イラク戦争でアメリカに攻撃されると政権は崩壊し、フセインも処刑された。それによってイラクに平和が訪れるかと思いきや、宗派対立や民族対立で内戦状態に。

さらにフセイン政権の幹部などがIS（イスラム国）を組織し、独立を宣言する。現在も続く中東の混乱はフセイン政権の崩壊からはじまっている。

第6章

「新時代」の到来

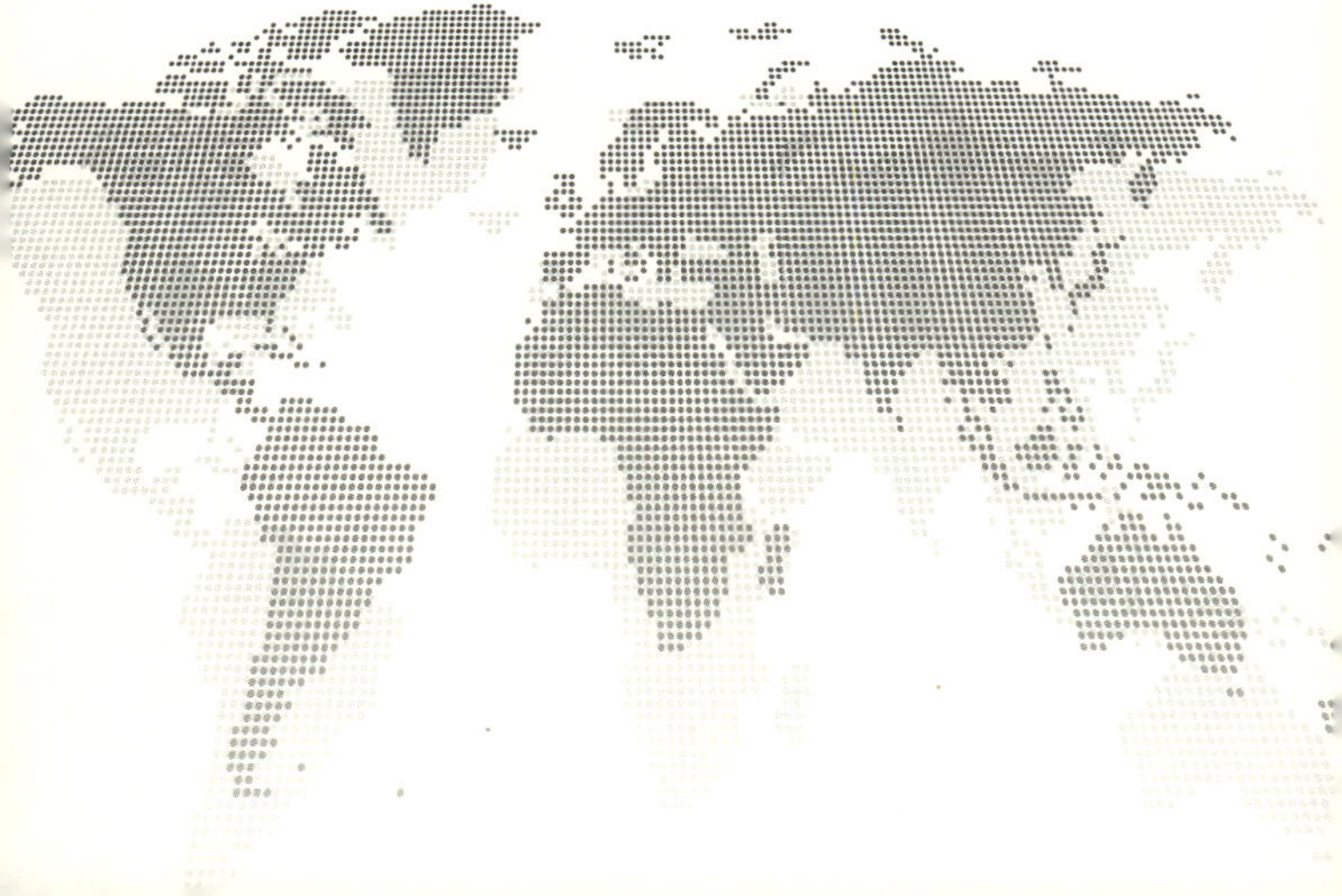

超大国アメリカの戦争とテロが頻発する世界

年	出来事
1990年代	インターネットが普及しはじめる
1990~2000年代はじめ	アメリカ金融主義の全盛期
1991年1月	湾岸戦争勃発
1991年	日本経済のバブルが崩壊し、「失われた20年」に突入
1993年11月	EU誕生
1995年1月	世界貿易機関（WTO）発足
1997年7月	アジア通貨危機はじまる
2001年9月	アメリカ同時多発テロ

一九九〇年代に入り、超大国アメリカは各地の紛争に介入し、「世界の警察」たる力を誇示しはじめた。しかし、クウェートに侵攻したイラクを湾岸戦争でねじ伏せたことで反米意識が強まった中東が、以前にも増して世界を揺るがすようになっていく。

そして、二〇〇一年九月十一日、アメリカ同時多発テロが起きた。ニューヨークを象徴するビルに、乗っ取られた旅客機が突っ込むという衝撃的事件は、アメリカを震撼《しんかん》させ、世界の歴史を変えた。

報復としてアメリカがはじめた対テロ戦争により、アフガニスタンは泥沼の戦場と化す。イラク戦争ではフセイン政権を倒したが、混乱のなかイスラム国（ＩＳ）が勢力を伸ばす事態となる。「アラブの春」で膨らんだ民主化への期待も、勢力

2001年10月	アメリカがアフガニスタン攻撃を開始
2002年1月	ユーロ流通開始
2003年3月	イラク戦争勃発
2008年9月	リーマン・ショック
2009年	ユーロ危機表面化
2010年	中国のGDPが日本を抜いて世界第2位に
2011年1月	チュニジアでジャスミン革命が起こり、アラブ諸国に民主化運動が波及(アラブの春)
2014年	イスラム国(IS)が勢力を拡大
2015年11月	パリ同時多発テロ発生
2016年11月	トランプがアメリカ大統領選に勝利

争い、過激派組織の台頭へと転じ、恐怖に変わってしまった。テロにより注目を集め、主張をアピールする手法が頻繁にとられ、ＩＳに引き寄せられた世界の若者たちによって夥《おびただ》しい血が流された。

一方、ヨーロッパではＥＵが発足し、共通通貨ユーロが導入され念願の統合が実現した。ＡＳＥＡＮ（東南アジア諸国連合）、ＮＡＦＴＡ（北米自由貿易協定）なども連携を強め、ブロック化が進む。世界第二の経済大国となった中国は、アフリカ諸国などと結び付きを強化し、さらなる躍進を目指す。

経済のグローバル化はＩＴの進化で一気に加速し、マネーゲームがアジア通貨危機を引き起こした。好景気に沸いたアメリカも、サブプライムローン問題からリーマン・ショックに打ちのめされ、ヨーロッパはユーロ危機に襲われる。日本はバブル崩壊後、長く暗い停滞から脱出しようともがく……。

「湾岸戦争」勃発

フセインのさらなる野望も、「多国籍軍」の最新兵器の前に潰える

一九九〇年、国境を接するイラクとクウェートは、対立を深めていた。

イラクに君臨する独裁者サダム・フセイン大統領は、膨大な埋蔵量を誇るクウェートの石油資源を我が物にしようと野望を燃やす。産出した石油をタンカーでスムーズに運搬するため、ペルシャ湾沿いの地域を掌握したいという思惑もあった。

そうしたなか、イラクは同年夏からクウェートに圧力をかけたうえ、「歴史的にみるとイラクの領土である」などの理由を掲げ、クウェート領内へと侵攻を開始。圧倒的な兵力を誇るイラクは、あっという間にクウェートを制圧する。

●アメリカがイラクを非難

このとき、イラクの無謀な行動に真っ向から反対したのがアメリカだった。

アメリカは、イラクに肩入れしていた時期もあった。一九八〇年から八年も続いたイラン・イラク戦争（↓142ページ）では、反米主義のイスラム革命が広がらないよう、イラクを支援したのだ。

イランのホメイニ師に比して、世俗的

で対話可能な相手とアメリカが考えたフセインだったが、独裁色を強めて私腹を肥やし、反米姿勢を鮮明にするにつれ、アメリカは危機感を募らせていた。

●新時代のミサイル攻撃

国連において協議がなされ、アメリカを中心としたイラク包囲網が敷かれる。イラク非難決議が圧倒的多数で採択され、武力行使が承認された。

この国連決議には、かねてからの同盟国であるイギリスなどに加え、冷戦時代には敵対を続けたソ連も同調した。さらに、サウジアラビアやシリア、エジプトなど、フセインが味方に付くと目論《もくろ》んでいた中東のイスラム国家も加わっていた。フセインの大きな誤算だった。

アメリカは自国軍を中心に多国籍軍を編成し、九一年一月十七日に空爆を開始。世界はここで新時代の戦争を目《ま》の当たりにする。米軍は最新兵器を駆使し、世界の人々はまるでテレビゲームを見るかのように、夜空を背景にミサイル攻撃が行なわれるさまを、テレビ中継で見ることとなったのである。

イラク軍は、把握できない場所から誘導されて飛んでくるミサイルに甚大な損害を受けた。一ヵ月以上も続いた空爆ののち、多国籍軍は地上部隊を投入しイラク軍を追い詰めた。わずか一〇〇時間後にイラク軍はクウェートから撤退をはじめる。クウェートは失地を回復し、湾岸戦争は多国籍軍の圧勝に終わった。

湾岸戦争の構図

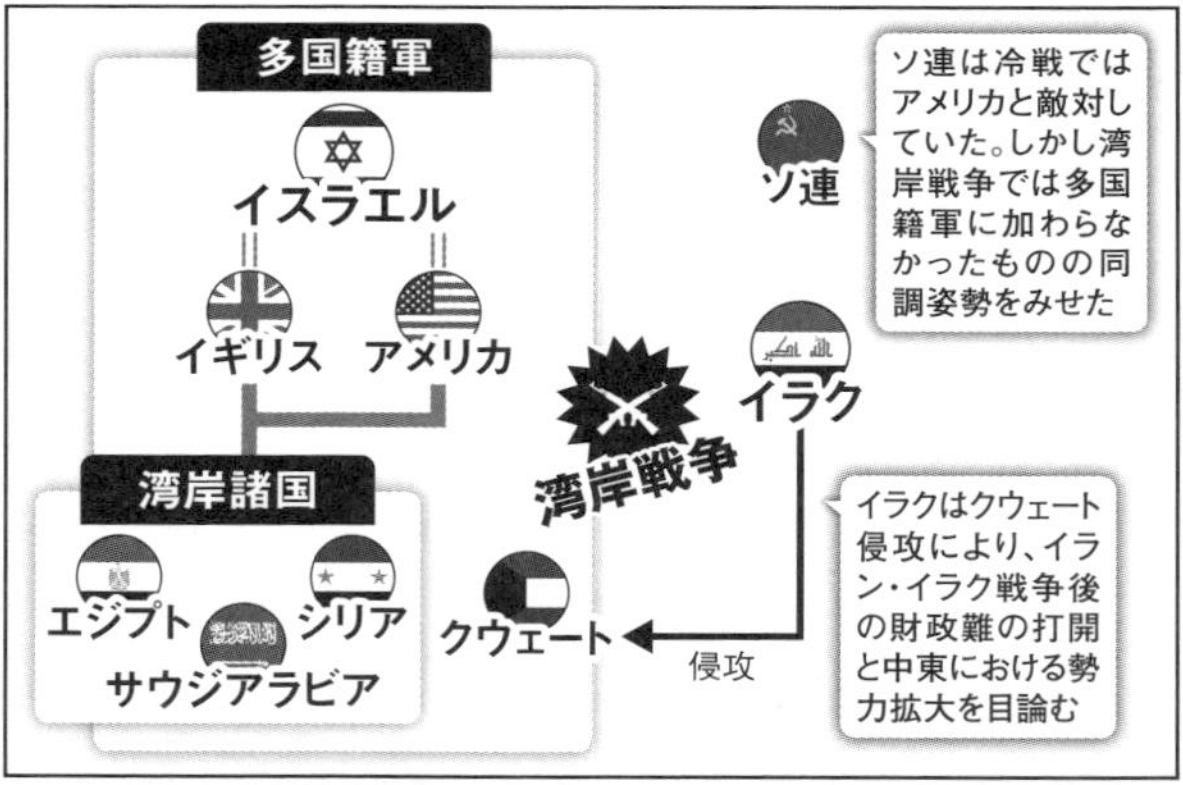
多国籍軍
イスラエル
イギリス
アメリカ
湾岸諸国
エジプト
シリア
サウジアラビア
ソ連
ソ連は冷戦ではアメリカと敵対していた。しかし湾岸戦争では多国籍軍に加わらなかったものの同調姿勢をみせた
イラク
湾岸戦争
クウェート
侵攻
イラクはクウェート侵攻により、イラン・イラク戦争後の財政難の打開と中東における勢力拡大を目論む

米軍はハイテクを駆使して夜戦を展開。夜空にミサイルが飛び交った(ロイター/アフロ)

米軍の新兵器が多数投入された。ステルス戦闘機(左)とトマホークミサイル(右)

多国籍軍の「砂漠の嵐」作戦

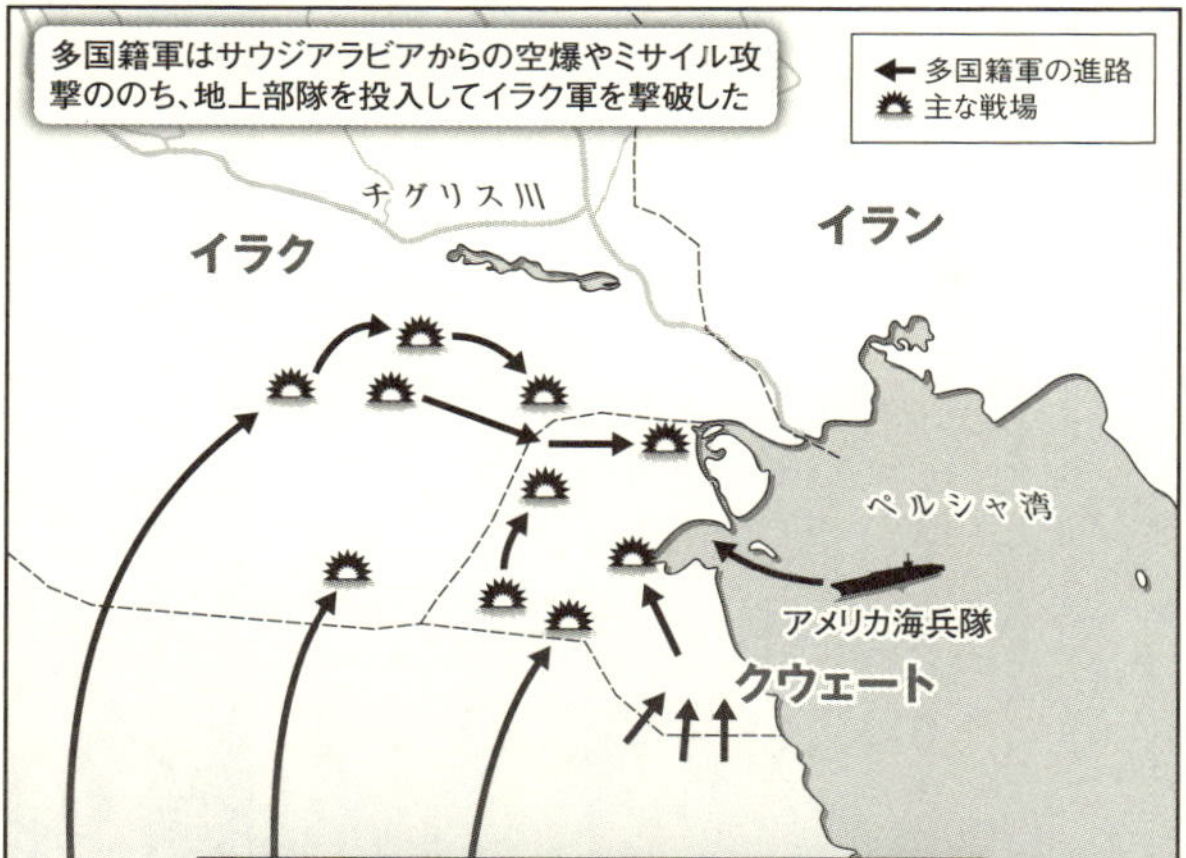

アメリカ軍の兵士を激励に訪れたブッシュ大統領

ひとくちメモ

多国籍軍を編成したといっても、中東のアラブ諸国には反米感情も渦巻いていたこともあり、多国籍軍へ軍を直接参加させることは控えた。その代わり、アラブ合同軍を結成して対応したが、実際はアメリカの指揮に従っていた。

1990年代

インターネットの普及

冷戦終結によって民生用として活用、社会のあり方を変えた!

インターネットは、もともとアメリカが軍事用に開発したシステムを民生用に転移したものだ。冷戦下、核攻撃に備えて研究が進められ、一九七〇～八〇年代には冷戦緩和によって軍事施設と政府機関などがネットワークで結ばれた。そして冷戦終結間際から、民間でも活用できるようになったのである。

一九九〇年代のアメリカはＩＴ産業に支えられ、好景気に沸いた。クリントン大統領とゴア副大統領は、全米を高速情報通信網で結ぶ情報スーパーハイウェイ構想を打ち出し、官民合同で新たな技術の開発を推し進めた。

九〇年代後半にはインターネットは全世界へと普及が進む。膨大な数のコンピュータを瞬時につないで情報のやりとりができ、グローバリゼーションの担い手となった。経済活動や産業構造を大きく変え、表現や情報の自由度を広げ、国と社会の急速な変革を惹起《じゃっき》した。

アメリカでは九〇年代末にＩＴ関連企業への過度の期待からＩＴバブルが起きたが、二〇〇一年にまでに破裂した。

インターネットの発達

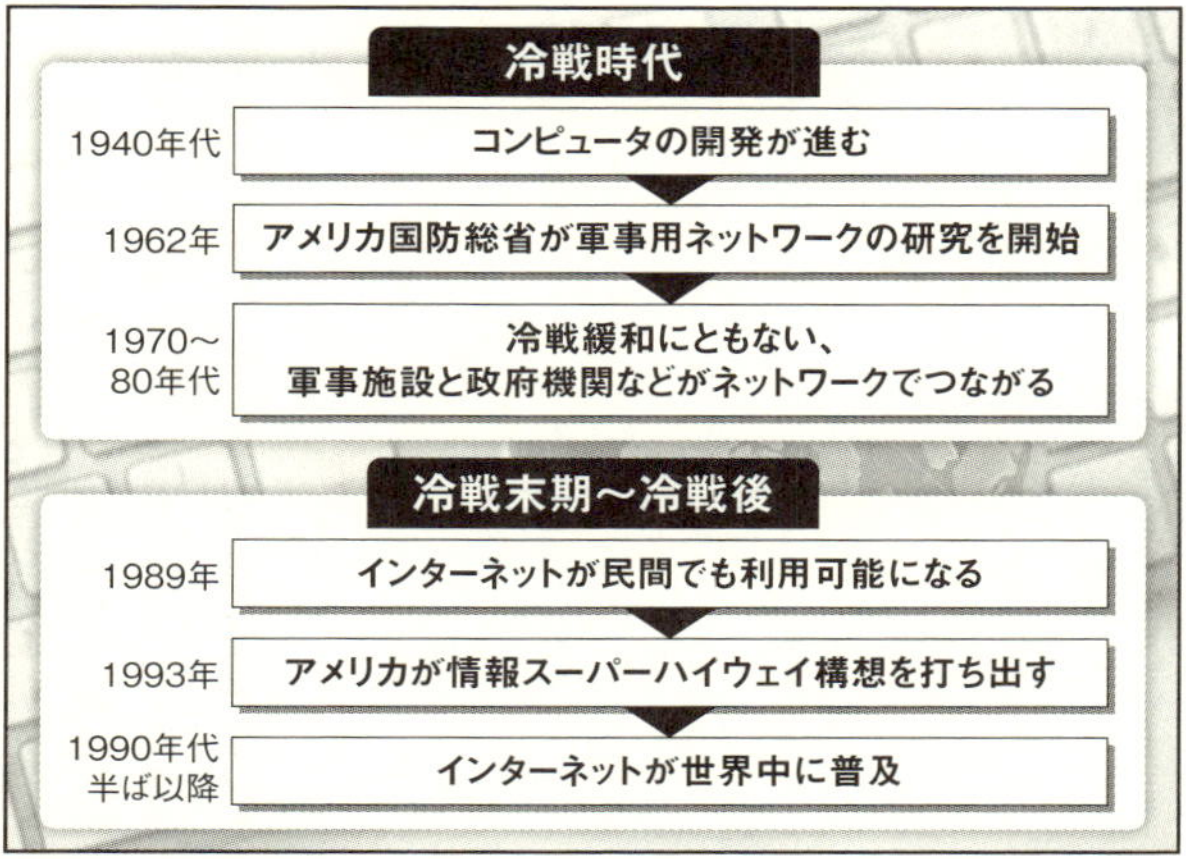

アメリカのITバブル（ナスダック総合指数）

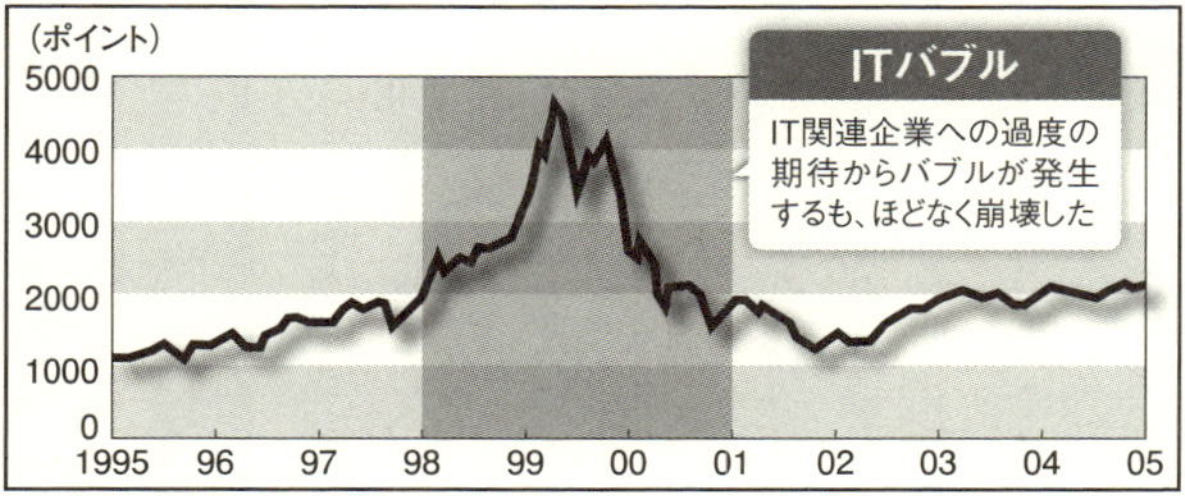

ひとくちメモ

1995年に米国マイクロソフト社が全世界で同時発売した「Windows95」。いままでにない画期的OSとしてお祭り騒ぎを巻き起こした。日本でも大ブームとなり、インターネットの急速な普及に貢献している。

1993年

「ヨーロッパ連合（EU）」発足

国境を越え「人・モノ・カネ」が自由移動！欧州三共同体が統一・発展

一九九三年十一月、「ヨーロッパ連合（EU）」が創設された。前年に結ばれた「マーストリヒト条約」に基づいて、国の枠組みを超えて政治・経済の統合を進める画期的な機関の誕生だ。人・モノ・カネの自由移動を基本理念として、欧州議会の設立、共通の外交安全保障政策、単一通貨の発行などが定められた。

そして九九年、共通通貨ユーロ（EURO）が誕生する。EU一五ヵ国のうち一一ヵ国が試験的に使用を開始、二〇〇二年には紙幣・硬貨が発行されて実際の通貨として流通しはじめた。

●三共同体がEC、EUへ

統合までの道のりは長かった。原点にあるのは二度の大戦への反省だ。火種になりやすい独仏が協力関係を築くことが重要だった。

資源と産業を共同管理する「ヨーロッパ石炭鉄鋼共同体（ECSC）」、「ヨーロッパ原子力共同体（EURATOM）」、全体的な協力を進める「ヨーロッパ経済共同体（EEC）」が発足し、一九六七年に統合して「ヨーロッパ諸共同体（E

C)」に発展(→100ページ)。域内貿易、資本や労働力の移動の自由化が進んだ。

当初の参加国はフランス・西ドイツ・イタリア・ベルギー・オランダ・ルクセンブルクの六ヵ国。七〇年代に入るとイギリス・デンマーク・アイルランドが加わり、GDPシェアでアメリカに匹敵するまでになる。八〇年代にはさらに、ギリシャ・スペイン・ポルトガルが加盟して一二ヵ国になった。こうして広域経済圏が形成され、アメリカの経済力が低下して世界秩序が多極化するなか、存在感を高めていったのである。

●冷戦が終わり統合が加速

参加国のあいだでは、統合の度合いをめぐり対立もあった。主導的立場の独仏が広い分野での統合を進めるのに対し、イギリスなどが反発。国内事情による違いも大きく、打撃を受けやすい産業界などには不安や反発が根強くあった。

そうしたなかで、より強い統合へ背中を押したのが、冷戦終結、そして東西ドイツ統合だった。EC諸国はドイツが西側と結束するよう統合を加速し、EU誕生へと向かったのである。

ユーロに関しても、イギリスのように自国の通貨発行権を守ろうとする国もある。一方、経済が脆弱《ぜいじゃく》な国はユーロ圏に加わり信頼の向上を目指した。九五年にはスウェーデン・フィンランド・オーストリアが参加し、EUは一五ヵ国へ拡大。人口は三億七〇〇〇万人に達した。

統一ヨーロッパの拡大

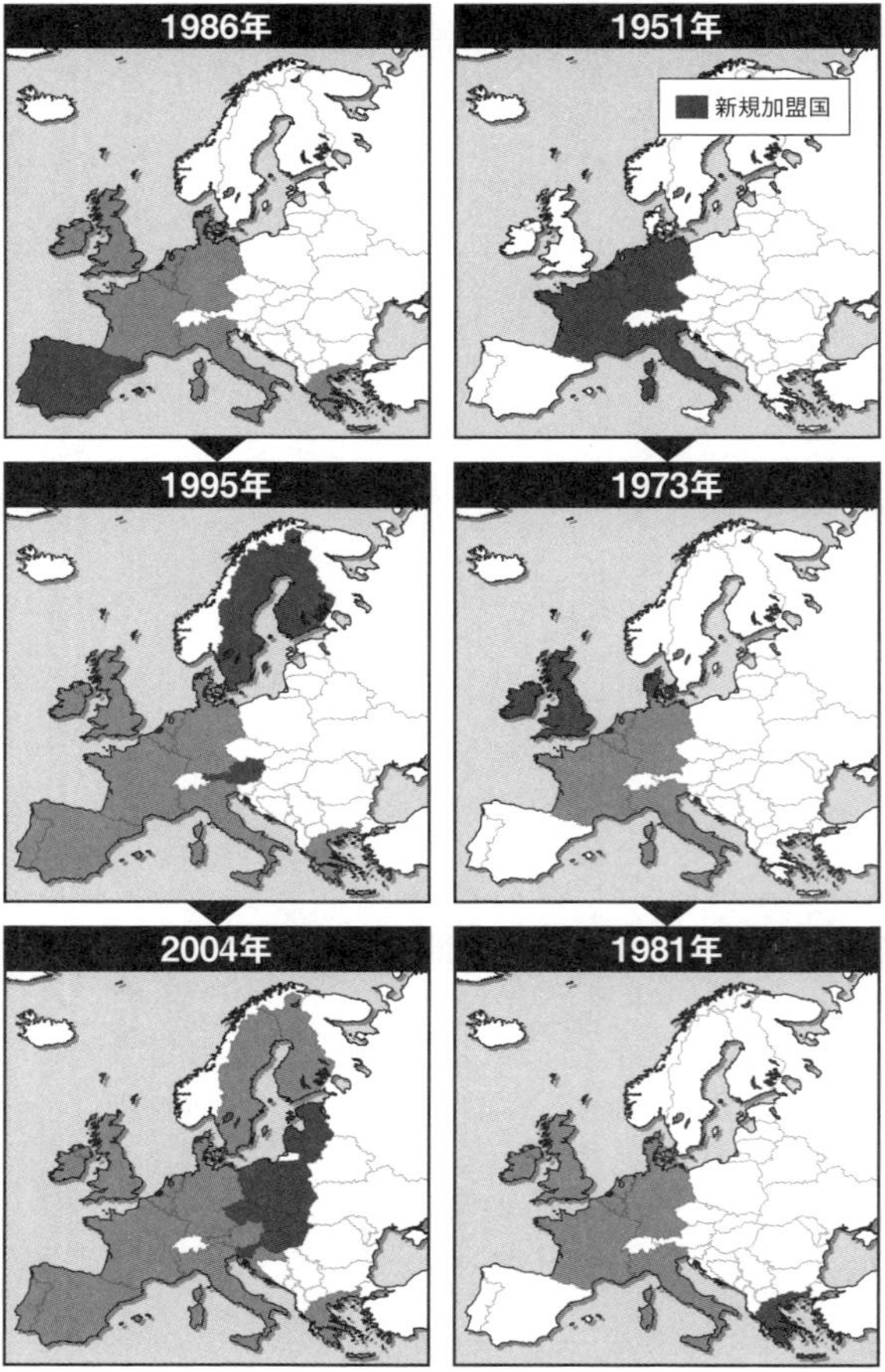
1951年
新規加盟国
1973年
1981年
1986年
1995年
2004年

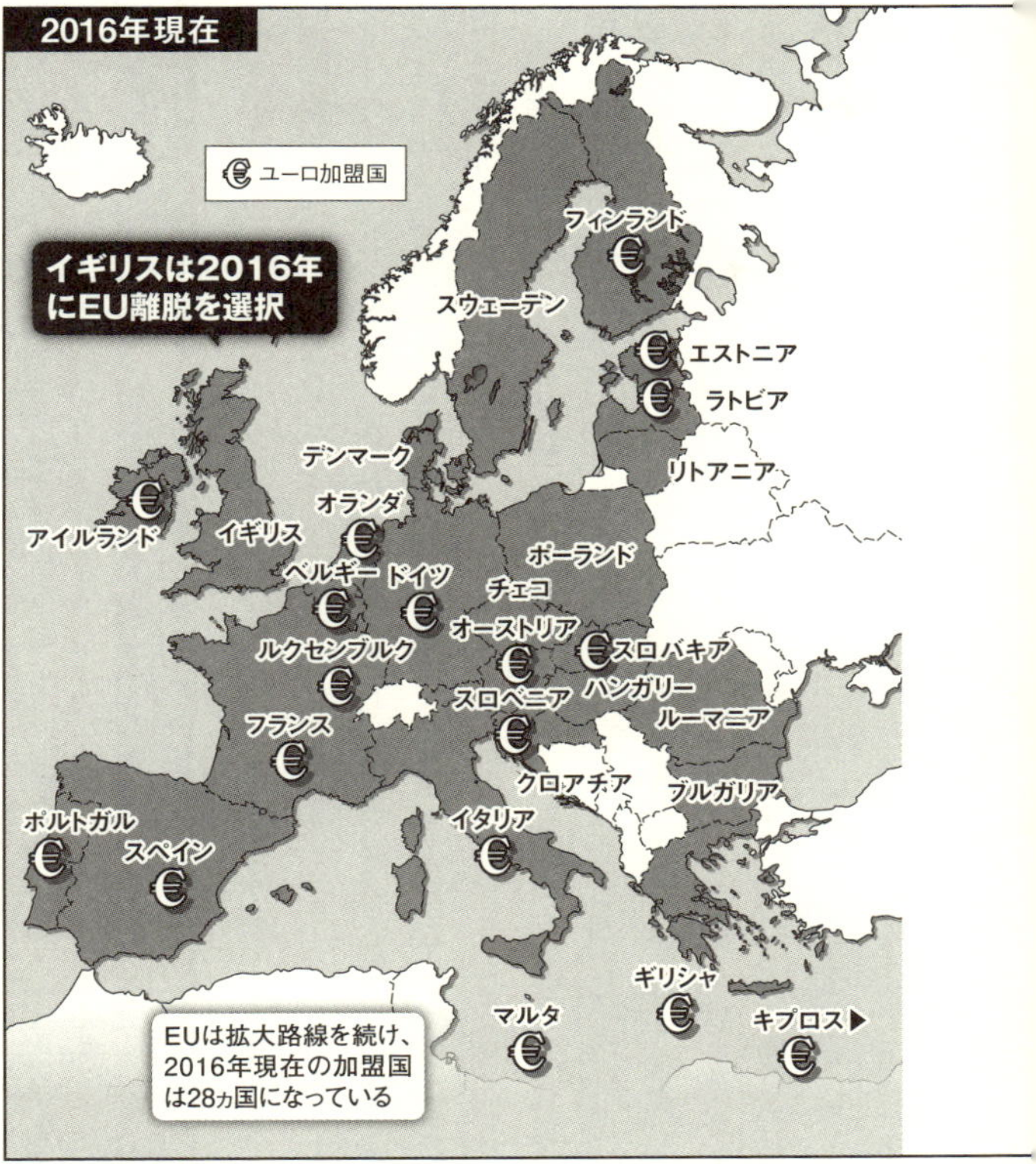

ひとくちメモ

EU本部はベルギーのブリュッセルにある。統一通貨はヨーロッパ通貨単位（European Currency Unit）の頭文字をとってECU（エキュ）になるはずだったが、かつてフランスに「エキュ」通貨があったことが判明し、変更された。

1995年

「世界貿易機関（WTO）」設立

「GATT」を引き継ぎ自由貿易を推進。一方で貿易ブロック化も

経済のグローバリゼーションが進み、国際社会の構図は複雑化した。自由貿易をさらに推進し、貿易摩擦を解決するため、一九九五年に創立されたのが「世界貿易機関（WTO）」である。

戦後は、「GATT（関税及び貿易に関する一般協定）」体制により自由貿易を広げる多国間協議が重ねられてきたが、その役割がWTOに引き継がれた。各国の絡み合う利害関係を調整し、秩序維持の機能を担うため、制裁の権限など紛争解決手続きを強化している。

だが、加盟国が当初から一二一と多く、ルールなどの合意まできわめて時間がかかる。そうしたこともあって、一方ではEUのような地域経済統合が進み、新たなブロック化が懸念されている。

EUのほか、北米ではアメリカ・カナダ・メキシコによる「北米自由貿易協定（NAFTA）」が生まれ、アジアでも「東南アジア諸国連合（ASEAN）」が経済統合を強めている。貿易ブロックの構築による保護主義・地域主義にどう対応していくのか、課題は尽きない。

WTOの加盟国（2016年）

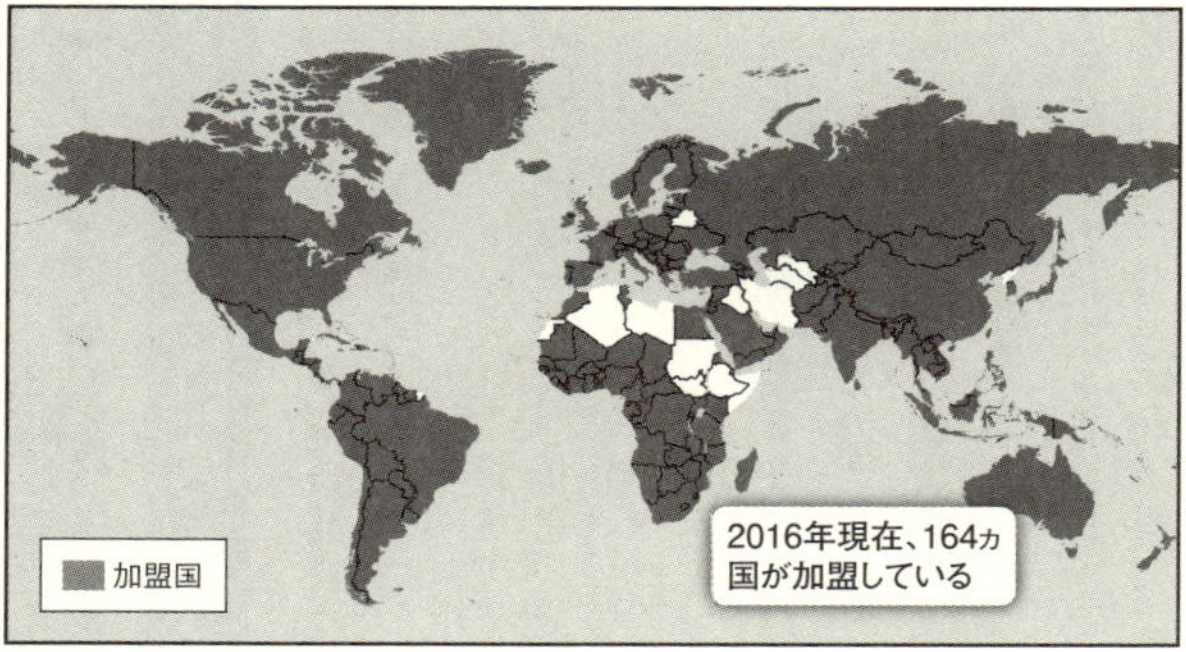
加盟国
2016年現在、164カ国が加盟している

WTOとGATTの違い

WTO		GATT
強い	紛争処理強制力	弱い
モノ・サービス・知的所有権	紛争処理の対象	モノ
15カ月以内を目安	処理期間	2〜3年
明確なルールあり	貿易ルール	曖昧
全加盟国の反対がなければ対抗措置をとれる	罰則規定	調印国が1国でも反対すれば対抗措置はとれない
アメリカなどが脱退すれば一気に弱体化	問題点	GATTを無視して重要な貿易問題が審議されることが多かった

ひとくちメモ

WTOの加盟国は着実に増えている。とくに増えているのが発展途上国や新興国。2001年には中国も加盟した。2007年には150カ国に達し、その後、160カ国を超えた。WTOの本部はスイスのジュネーブに置かれている。

1997年

「アジア通貨危機」の発生

「ヘッジファンド」に対抗できなかったバーツの暴落ではじまった！

一九九七年七月、タイの通貨バーツが暴落した。その影響はあっという間にアジア各国へと広がり、史上最悪の通貨危機・金融危機を引き起こした。発端となったのは、アメリカなどのヘッジファンドによる投機的なバーツ売りだった。

世界的に景気が上向くなか、東南アジア諸国も好調で通貨価値が上昇していた。ヘッジファンドは通貨の過大評価と脆弱《ぜいじゃく》な経済基盤のギャップにつけ込み、大量に空売《からう》りして莫大な利益をあげたのである。その資金力にタイ中央銀行は太刀打《たちう》ちできず、政府は対米ドルの固定相場制を放棄することとなる。

続いてインドネシアのルピアが暴落した。国民の不満は爆発し、三二年も長期独裁を続けたスハルト大統領は退陣。韓国では財閥が連続倒産し、ウォンが暴落。さらにマレーシア・香港にも影響は広がる。九七年後半の約半年でルピアは八一パーセント、ウォンは五五パーセントも通貨価値が下落。

タイ・韓国・インドネシアは、ＩＭＦ管理のもと再興を図ることになった。

アジア諸国で連鎖した通貨危機

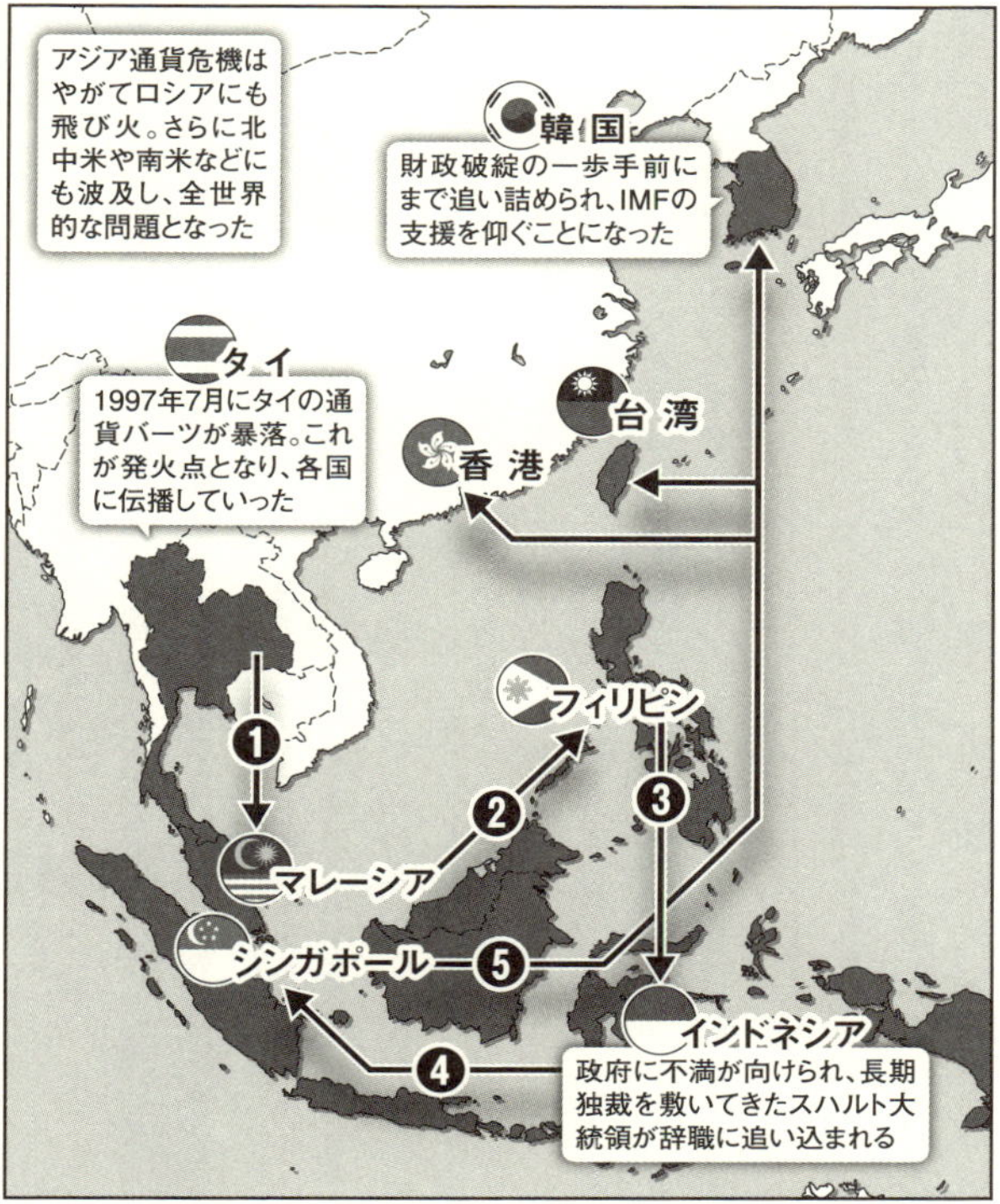
アジア通貨危機はやがてロシアにも飛び火。さらに北中米や南米などにも波及し、全世界的な問題となった
韓国
財政破綻の一歩手前にまで追い詰められ、IMFの支援を仰ぐことになった
タイ
1997年7月にタイの通貨バーツが暴落。これが発火点となり、各国に伝播していった
台湾
香港
フィリピン
1
2
3
マレーシア
シンガポール
5
4
インドネシア
政府に不満が向けられ、長期独裁を敷いてきたスハルト大統領が辞職に追い込まれる

ひとくちメモ

ヘッジファンドとは、機関投資家や富裕層の資金をハイリスク・ハイリターンで運用する投機的なファンドのこと。あらゆる手をつかって利ざやを稼ぎ、相場の乱高下や金融不安を引き起こすと危惧されている。

1990年代

アメリカの金融ビジネス

投機マネーの「モラルなきゲーム」は一国の財政をも左右する！

一九九〇年代に入るとアメリカ経済はプラスに転じ、空前の好景気に沸く。インフレをともなわない好景気が恒久《こうきゅう》的に続き、不景気との循環から抜け出したとする経済理論「ニュー・エコノミー論」が唱えられるほどだった。

冷戦後に訪れたこの繁栄は、自由主義・資本主義の勝利を改めて印象づけるものだった（経済戦争の相手国だった日本は、バブル崩壊で失墜していた）。

そしてアメリカの金融ビジネスは、世界経済を揺るがす力をもつに至る。ＩＴなど最先端技術を駆使し、デリバティブ（金融派生商品）によるギャンブルのようなマネーゲームが行なわれた。

その投機マネーは原油や穀物・不動産などの市場を左右するだけでなく、新興国に流れ込んでインフレや財政危機など深刻な問題を引き起こした。

モラルなきマネーゲームで富を蓄積するのはアメリカでも一握りの富裕層で、格差は広がる一方だった。また、国境を越えた商取引が増え、外交においても政府に加え企業が力を有するようになる。

「ニュー・エコノミー論」の根拠

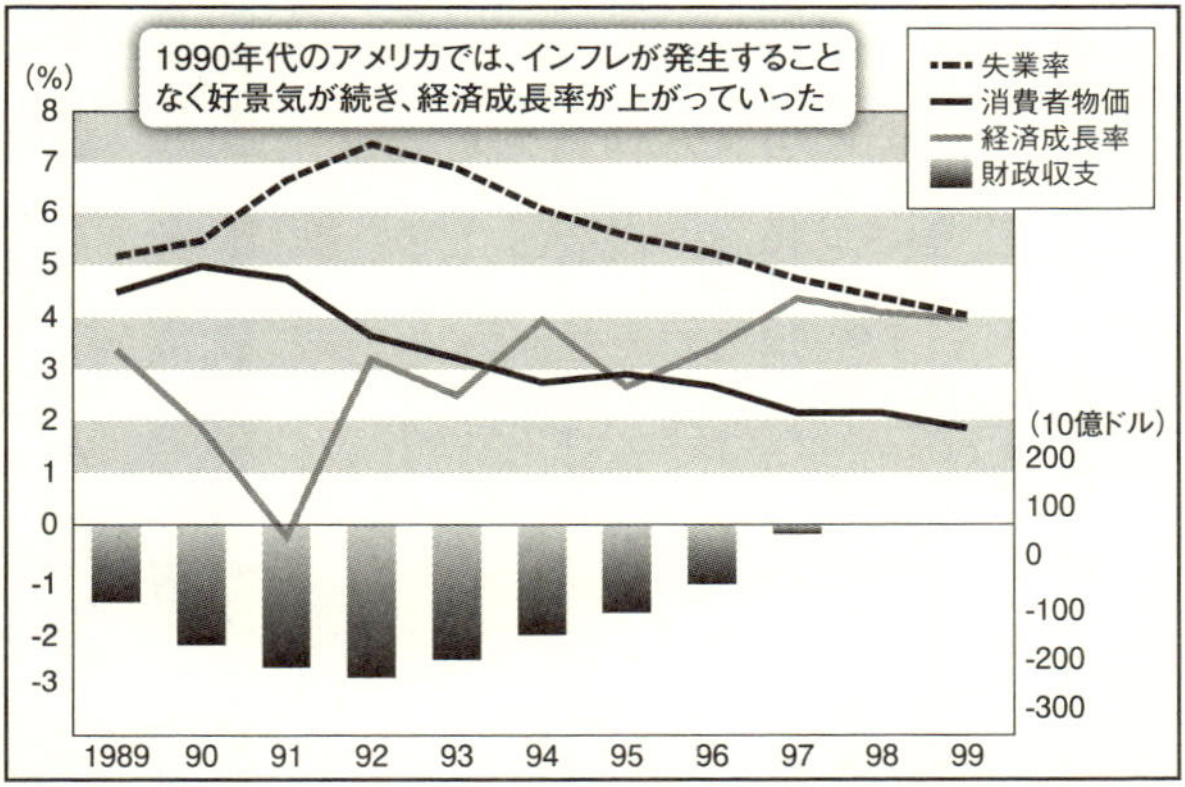

出典：『eエコノミーの衝撃』中西巌（東洋経済新報社）

アメリカの金融ビジネスの拠点

ひとくちメモ

デリバティブとは、株式や債券・金利・為替など従来の金融商品から派生した「金融派生商品」。金融工学やノウハウを駆使して生み出される。主なものに、先物取引・オプション取引・スワップ取引などがある。

1991年

日本「バブル経済」の終わり

「うたかたの夢」からさめて、「失われた二〇年」がはじまった

一九九〇(平成二)年、日本政府は実体経済とかけ離れたバブル経済に対して引き締めを図る。不動産投資の総量規制や公定歩合を引き上げた結果、地価も株価も暴落、翌年にはバブルがはじけた。

企業も個人も投資失敗で大損を被り、金融機関の不良債権が膨らんだ。企業の業績は悪化の一途をたどり、同年には過去最高の倒産件数を記録した。平成不況、「失われた二〇年」のはじまりである。

製造業は生産拠点を海外に移し、国内のものづくりは危機に瀕して〝産業の空洞化〟が進んだ。九〇年代後半には、山一證券や北海道拓殖銀行などが破綻する金融危機が起きる。

デフレ傾向から悪循環に陥った日本は、GDPの世界シェアも一〇パーセントを切り、二〇一〇年には中国に抜かれて三位になった。

政府は景気浮揚策として公共投資を続け、国の借金は膨れ上がった。二〇一三年(平成二十五)には一〇〇〇兆円の大台を突破している。ゼロ金利政策や量的緩和も期待どおりの効果は出なかった。

日本の「失われた20年」

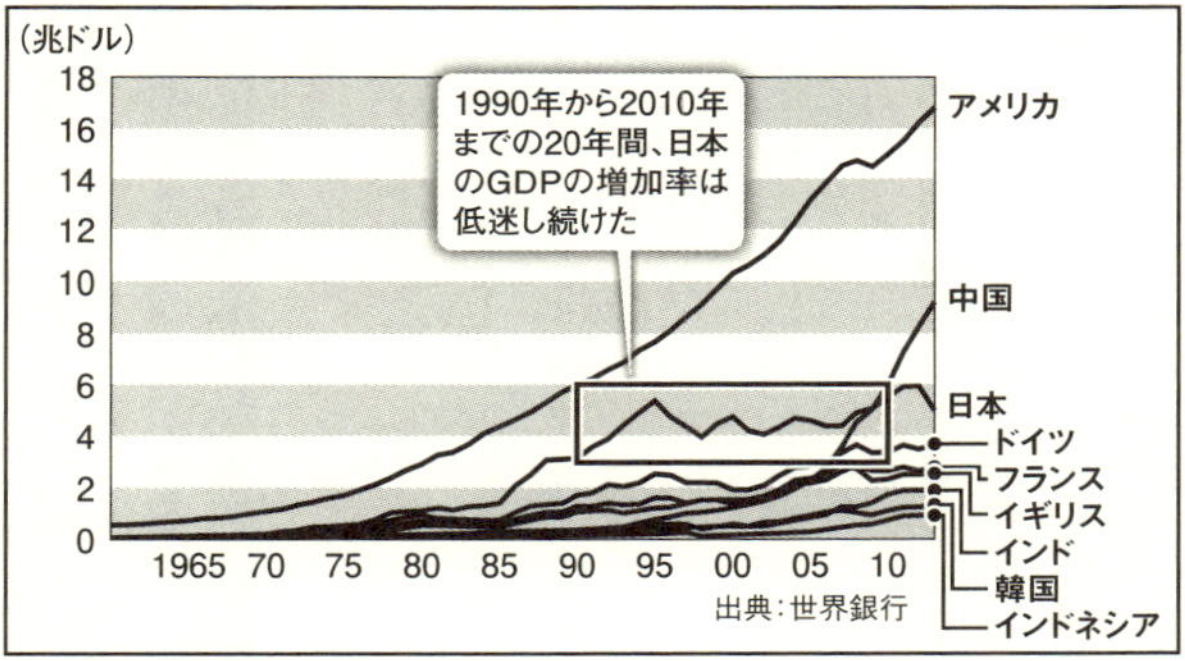

各国の借金（債務残高の国際比較／対GDP比）

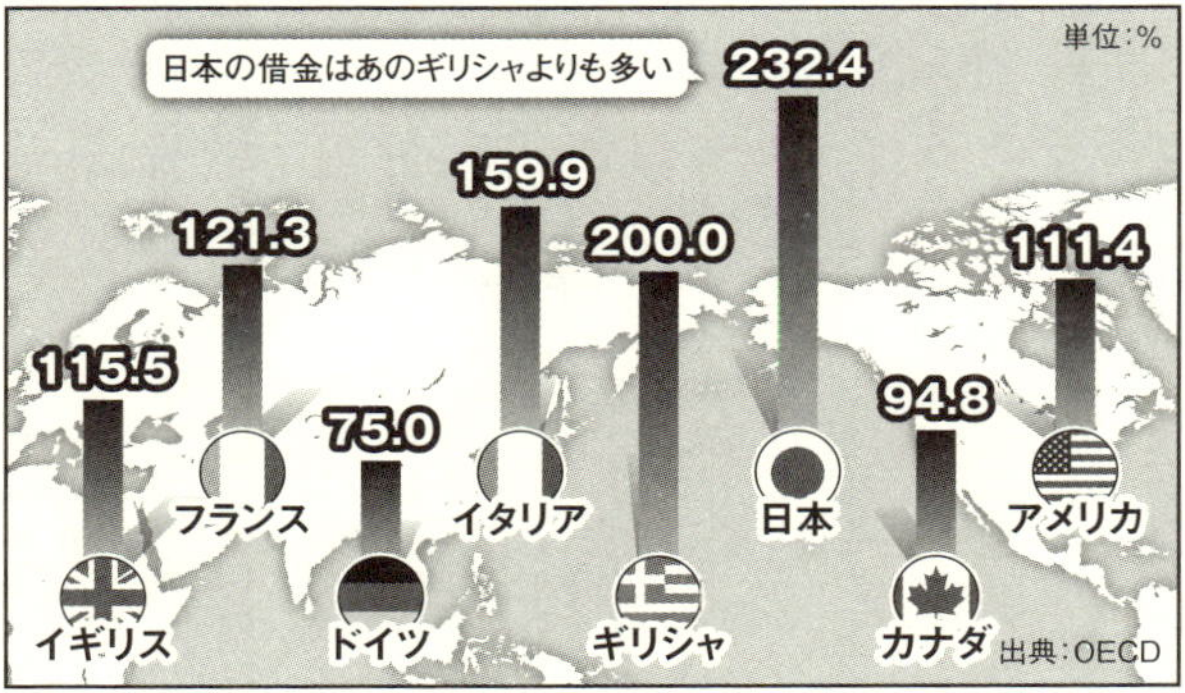

ひとくちメモ

物価が下がるデフレは消費者にとって喜ばしいようだが、負のスパイラルを引き起こす。「値下げする→企業の売上が減る→個人の賃金が減る→個人がモノを買わなくなる→モノが売れず物価がさらに下がる」と延々と続く悪循環だ。

2001年

アメリカで「同時多発テロ」が起こる

世界が衝撃を受けた惨事に対し、ブッシュは泥沼の報復戦へ…

戦後、世界にその力を示してきたアメリカは、本土を攻撃された経験をもたないことを誇っていた。ところが、そのプライドが踏みにじられる事件が起こる。二〇〇一年九月十一日に発生した同時多発テロである。

ニューヨークを代表する超高層ビルの世界貿易センタービル北棟に、ハイジャックされたアメリカン航空のボーイング767型機が激突した。その一七分後には、同じ貿易センタービル南棟にユナイテッド航空175便が激突。

炎と煙に包まれるツインタワーから人が次々に飛び降り、約一時間後には二棟とも倒壊した。

ビル激突の約三〇分後、今度はワシントンD.C.そばの国防総省（ペンタゴン）にアメリカン航空77便が突入、炎上した。さらに未遂事件として、サンフランシスコに向かっていたユナイテッド航空93便がハイジャックされ、ペンシルバニア州に墜落したことが判明した。

一一〇階建ての世界貿易センタービルの上層階は、金融関係をはじめ世界の有名企業が数多く入居していた。勤務時間帯の出来事だったため、国防総省と合わせると三〇〇〇人以上が犠牲になったといわれている。

●アフガニスタン戦争へ突入

アメリカのブッシュ大統領は、「戦争を仕掛けられた」と表明し、徹底的な措置をとることを宣言した。

事件の首謀者の割り出しには時間がかかるものと予想されていたが、ほどなくして突き止められた。オサマ・ビン・ラディンとイスラム教スンナ派の国際テロ組織「アルカイダ」だった。

ビン・ラディンは、一九九三年の世界貿易センタービル爆破事件への関与が疑われた人物である。

彼は、サウジアラビアの大富豪の家に生まれ、ソ連のアフガニスタン侵攻では、それに対抗するイスラム兵士として戦いに身を投じ、アメリカをイスラムの敵とみなすようになった。

アメリカはアフガニスタンのタリバン政権に対し、匿《かくま》っているビン・ラディンの身柄の引き渡しを要求する。これをタリバン政権が拒否すると、アメリカは同盟関係を築いている国々と連携をとったうえで、アフガニスタンに対する攻撃を開始したのである。

●出口が見えない戦いへ

同時多発テロから一ヵ月もたっていない十月八日、アメリカはイギリス軍とともにアフガニスタンの首都カブールへの空爆を開始した。

アメリカ軍はアフガニスタン北部でタリバンに抵抗していた北部同盟を支援するなど、あらゆる手段を講じてビン・ラディンの行方を探った。

●アメリカの誤算

戦いは短期間で決着がつくものと思われていたが、雲行きが怪しくなる。アメリカは、敵を「ビン・ラディン」と彼を擁護するテロ組織」と定義したが、イスラム国家であるアフガニスタンの民家が次々と破壊される映像が世界中に流れ、各国のイスラム教徒が反感を募らせることとなったのである。

そして、アメリカ軍のアフガニスタンでの振る舞いはイスラム社会への挑戦、攻撃であるとして、「聖戦《ジハード》」を戦おうという機運が芽生えた。

世界各地から若者がアフガニスタン入りし戦闘員に加わるために戦いは長期化する。アメリカはイスラム社会を敵に回し、それ以降続くイスラム過激派の台頭や、世界各地で発生するテロの種を播《ま》いたかたちとなったのである。

命運尽きたと思われたタリバンも復活するなど、アメリカが時間をかけ、最高時は一〇万人を駐留させても、アフガニスタンは安定しなかった。

オバマ大統領はアメリカ軍の完全撤退を掲げ、アフガニスタン国軍の訓練に力を入れてきたが、情勢悪化で駐留延長に追い込まれている。

ハイジャック機の飛行ルート

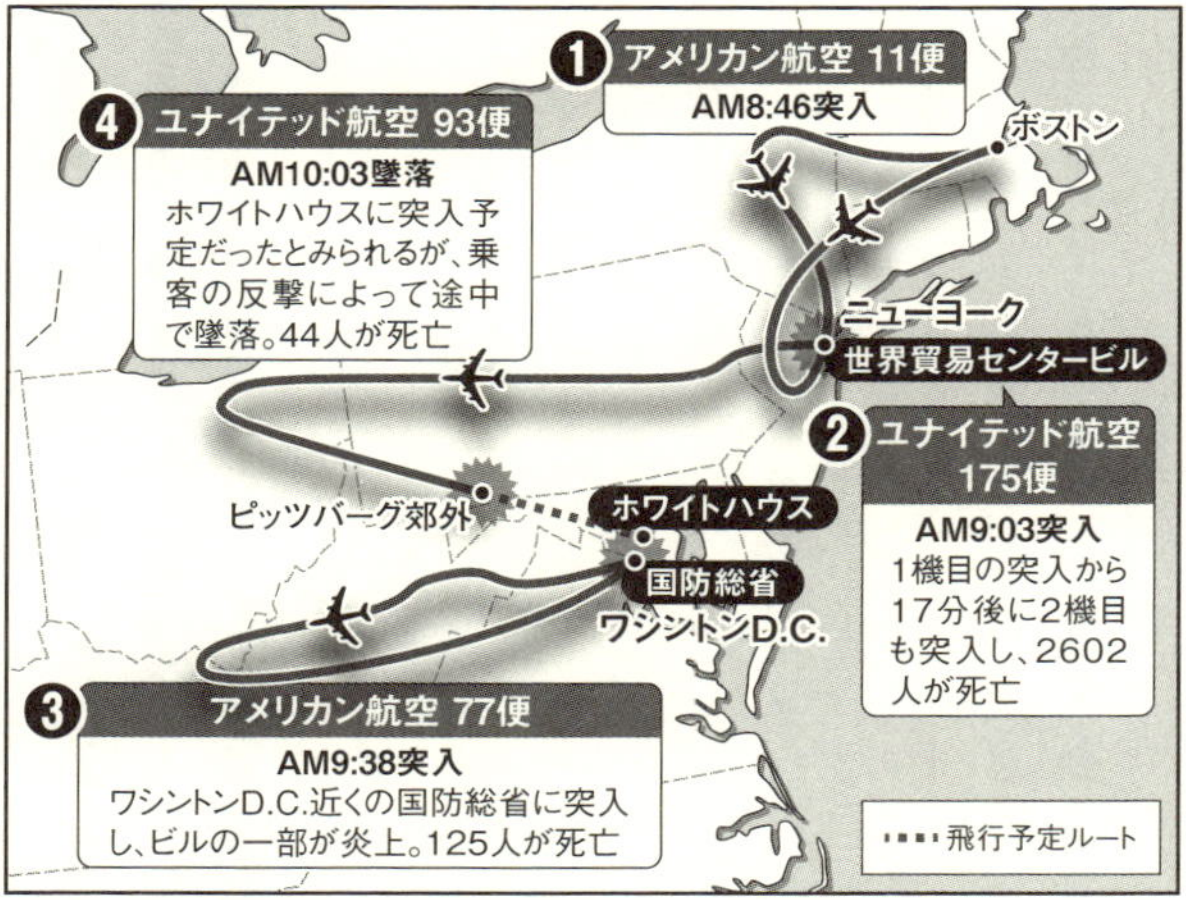

1 アメリカン航空 11便
AM8:46突入
4 ユナイテッド航空 93便
AM10:03墜落
ホワイトハウスに突入予定だったとみられるが、乗客の反撃によって途中で墜落。44人が死亡
ボストン
ニューヨーク
世界貿易センタービル
2 ユナイテッド航空 175便
AM9:03突入
1機目の突入から17分後に2機目も突入し、2602人が死亡
ピッツバーグ郊外
ホワイトハウス
国防総省
ワシントンD.C.
3 アメリカン航空 77便
AM9:38突入
ワシントンD.C.近くの国防総省に突入し、ビルの一部が炎上。125人が死亡
飛行予定ルート

アメリカの対テロ戦争

2001年9月11日	アメリカ同時多発テロが発生
2001年10月	アフガニスタンのタリバン政権にビン・ラディン引き渡しを要求
2001年10月	アメリカとイギリスがアフガニスタンを攻撃
2002年1月29日	ブッシュ大統領が「悪の枢軸」演説を行なう
2003年3月20日	アメリカとイギリスがイラクを攻撃

テロの首謀者
ビン・ラディン

ひとくちメモ

アメリカがビン・ラディンを首謀者と断定して10年後の2011年、米軍はようやくパキスタンの潜伏先をつかみ、特殊部隊が殺害した。この作戦はパキスタン国内であったにもかかわらず、パキスタン政府に通告はなかったという。

2003年

「イラク戦争」はじまる

「悪の枢軸」の「大量破壊兵器」に立ち向かう、アメリカの「大義なき戦争」

湾岸戦争（→178ページ）に敗れたイラクは、停戦の条件として大量破壊兵器の不保持を承諾し、幾度かの査察で膨大な大量破壊兵器が破棄された。それでも満足できなかったのが、湾岸戦争時のブッシュ大統領の息子で、二〇〇一年に大統領に就任したG・W・ブッシュである。

彼はイラクを「悪の枢軸《すうじく》」と呼び、湾岸戦争後も権力の座につき続けるフセインを糾弾した。大量破壊兵器を依然として保持しており、その脅威に対処する必要があると声高《こわだか》に主張したのである。

そして二〇〇二年、武力行使を含むあらゆる措置をとる権限を自分が得ることを議会に承認させ戦争準備をはじめた。

翌年から空爆を開始、各地を制圧してフセイン政権を倒したのである。本格的な戦闘ののち、日本も人道的復興支援を目的として自衛隊を派遣した。

二〇一一年に就任したオバマ大統領は、イラク戦争終結を宣言し、米軍を撤退させた。だが、そもそも開戦理由とされた大量破壊兵器は発見されず、大義なき戦争として非難の声もあがった。

アメリカ軍のイラク侵攻

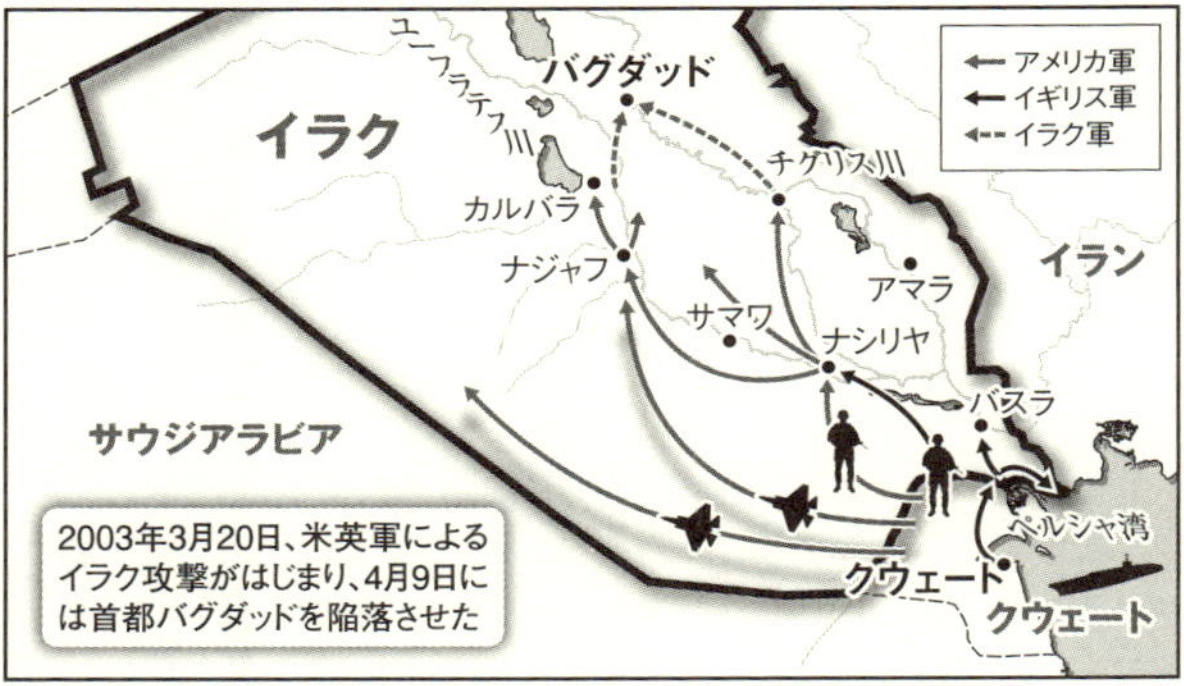

イラク戦争開始からアメリカ軍撤退まで

2003年　3月	イラク戦争はじまる
4月	バグダッドが陥落し、フセイン政権崩壊
5月	ブッシュ大統領、戦闘終結宣言を出す
12月	フセイン大統領、拘束される
2004年　6月	イラク暫定政権が発足
2005年　1月	イラク国民議会選挙が行なわれる
2006年　2月	サマラでシーア派霊廟爆破
5月	マリキ首相率いる正式政府発足
12月	フセイン大統領の死刑執行
2007年　1月	ブッシュ大統領、米軍2万人増派決定
8月	米軍増派部隊17万人規模に
2008年　7月	増派部隊の撤退完了
2009年　2月	オバマ大統領、米軍撤退計画発表
2010年　8月	オバマ大統領、戦闘任務終結宣言
2011年12月	米軍部隊が完全撤退する

ひとくちメモ

湾岸戦争時にはこぞって同盟軍に参加した国々も、イラク戦争では対応が分かれた。フランス・ドイツ・ロシア・中国は明確に反対を表明。日本は小泉純一郎首相がアメリカの武力行使を支持する声明を出し、自衛隊まで派遣した。

2008年

「リーマン・ショック」と欧州危機

世界同時不況の到来！ 次々に世界経済を襲う金融と財政の破綻危機

二〇〇八年九月、アメリカの投資銀行リーマン・ブラザーズが六〇兆円を超える負債を抱え経営破綻した。

巨体の倒れた衝撃はすさまじく、連鎖倒産の懸念から各国で株価が暴落した。銀行は融資を渋って企業の倒産、リストラが続き、市民は消費を控えて景気に急ブレーキがかかる。

こうして「リーマン・ショック」が世界に広がり、一〇〇年に一度といわれるほどの世界同時不況に陥ったのである。

そもそもの原因は、二〇〇一年頃からアメリカで起きた住宅バブルのなか乱発された、サブプライムローンにある。

これは、信用度が低く通常のローンが組めない低所得者向けのローンで、住宅価格が上昇するうちはよかったが、下落に転じて返済できない人が急増した。二〇〇七年には住宅バブルがはじけ、取り返しのつかない事態となる。

というのも、返済を求める権利（債権）が証券化され、世界中にばら撒かれていたからである。

焦げ付くリスクが高いと承知のうえ

で、ローン会社や金融機関は早々に債権を売り渡し、これが一般の債権と混ぜられて金融商品として売られていた。

格付けの高さと利率のよさから、ヨーロッパの大手銀行や投資会社が大量に購入し、次々に経営危機に陥ることとなったのである。

世界経済の成長率はマイナス一パーセントに落ち込み、戦後最悪を記録した。アメリカでは失業率が一時一〇パーセントを超え、失業者が四年で倍増。財政赤字が急激に膨らみ、〝栄光〟は遠のいた。

●ギリシャの財政危機が発覚

ヨーロッパでは金融機関が受けた痛手が大きく、ユーロ危機の遠因となった。すでにリーマン・ショックの翌年には、ギリシャの財政危機が発覚し、ヨーロッパ経済を暗雲が覆っていた。ギリシャはユーロ導入の際、巨額の債務を抱えていることを隠し、条件を満たしているように粉飾していたのである。

債務の原因は、政治家が人気取りのため国費をばら撒いたこと。公務員と国有企業を増やして雇用を生み、賃金を増やし、年金受給開始を早めるなど、危機に至るまで借金を膨らませた。それが政権交代により発覚し、ユーロの信用不安による世界同時株安につながったのだ。

対策を迫られたEUは、大規模な支援と引き換えにギリシャに緊縮財政を求めたが、景気の悪化・失業・生活苦でギリシャ国内は大混乱に陥った。

●相次ぐ危機に苦悩するEU

ギリシャ危機はドミノ倒しのように他国に広がるとおそれられた。ユーロ圏において債務が多いポルトガル・アイルランド・イタリア・ギリシャ・スペインは、頭文字をとって「PIIGS（ピッグス）」と豚呼ばわりされる始末だった。

アイルランドは金融立国を目指し、金融ビジネスで高成長を果たし、住宅バブルが膨らんでいた。それがリーマン・ショックでバブルが崩壊、財政危機に陥ってしまった。二〇一〇年十月には国債が投げ売りされ、EUとイギリスの救済を受けることとなる。

アイルランド危機はポルトガルにも飛び火し、ポルトガル国債が大量に売られた。ポルトガルはバブルもなかったが、景気低迷で財政赤字が増え、脆弱《ぜいじゃく》な経済への懸念から危機にまで追い込まれたのだ。

スペインは二〇〇〇年代に入り、住宅バブルに支えられ経済成長を続けたが、リーマン・ショックでバブルがはじけた。経済成長はマイナスに転じ、財政が悪化して深刻な状況に至る。

そして二〇一一年十一月には、イタリアが財政危機に陥った。ユーロ圏でドイツ・フランスに次ぐ第三の経済大国であるだけに、債務残高はギリシャの五倍以上もあり、影響は大きかった。共倒れを防ぐためEUの支援が求められたが、相次ぐ危機に対立も明らかとなっていく。

世界に広がる金融危機の連鎖

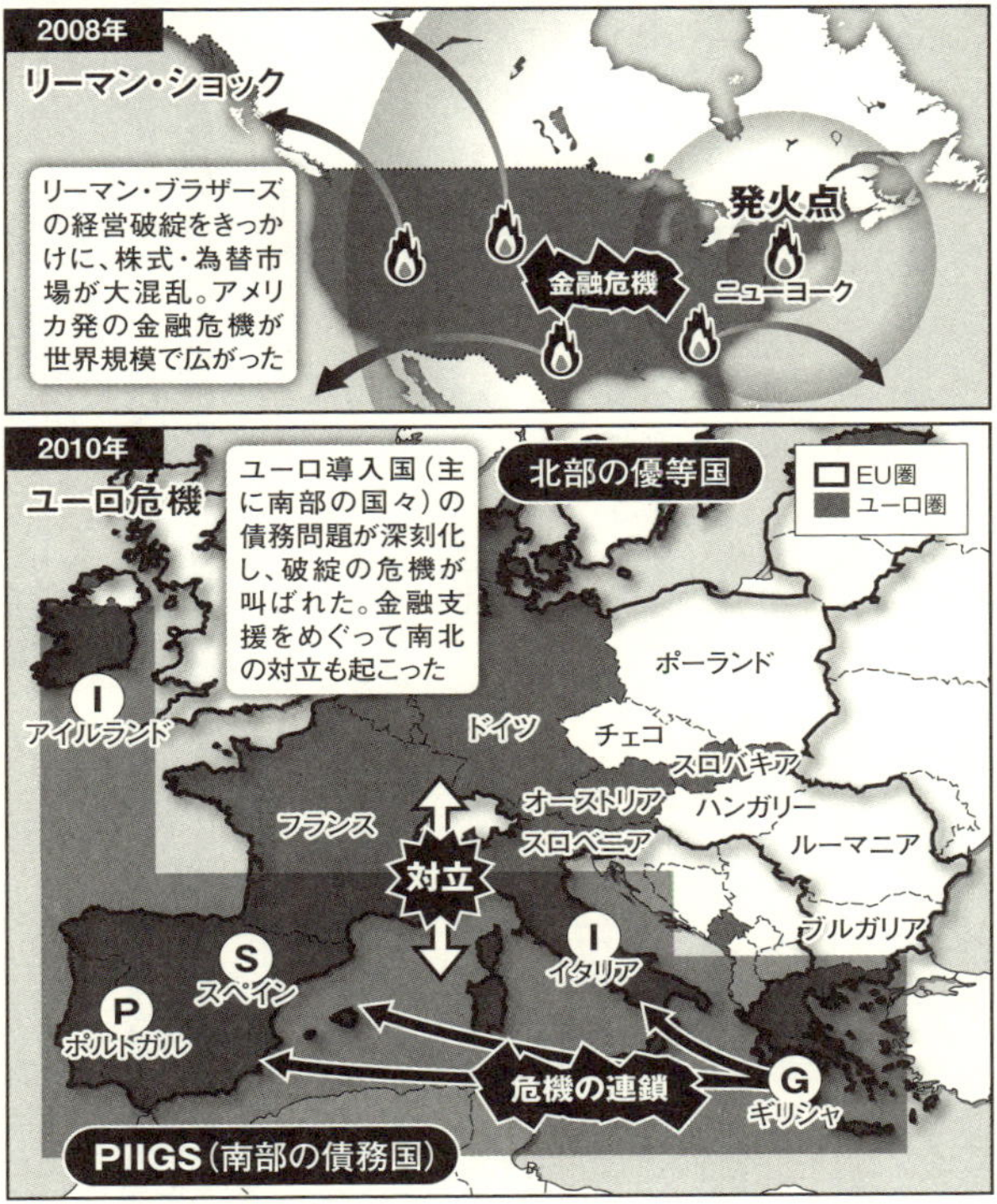

ひとくちメモ　ドイツとギリシャはイソップ童話の「アリとキリギリス」にたとえられる。勤勉なアリと放蕩者《ほうとうもの》のキリギリスということだ。じつは、ユーロ導入後のギリシャの買い物三昧で買われた物の多くはドイツ製。ドイツは恩恵を受けていたのだ。

2010年

巨人・中国の台頭

日本を抜き去り世界二位の経済大国へ！ 試される「立場と振る舞い」

経済成長著しい中国は二〇一〇年、アメリカに次ぐ世界第二の経済大国となった。この年の中国のGDPは約五一四兆円を記録。長く世界第二位だった日本は約四七九兆円であり、ついに抜き去られてしまったのである。

中国は、自動車・パソコン・鉄鋼・繊維などの分野で販売台数や生産規模が世界一を記録するなど、高水準を続けた。この勢いが続けば、二〇二五年頃にはアメリカをも抜き、世界一の経済大国になるという予測までなされた。

かつての中国は「世界の工場」として、日本や欧米企業の下請け生産を、安価で豊富な労働力により行なうことで経済成長を続けた。賃金が上昇したのちには、下請け生産から転じて世界各地へ進出し、現地で生産や公共工事を受注する拡大路線を進むようになった。

●「一帯一路」構想とは

とくに目立つのが、アフリカ諸国との密な関係だ。中国から労働者を派遣して公共工事を受注し、インフラ整備と引き換えに中国が欲する天然資源を確保するなど、したたかな戦略を展開している。

　二〇一三年に国家主席となった習近《しゅうきん》平《぀い》は「一帯一路《いったいいちろ》」構想を発表。中国の西部からシルクロードを経済圏として結ぶ「一帯」（陸）に、中国沿岸部から東南アジア・スリランカ・アラビア半島、さらにはアフリカ大陸を結ぶのが「一路」（海）である。

　関連国への経済支援や開発、人的派遣を中国が中心となって進める方針を打ち出しており、すでに多くの国の支持を集めている。

●強引な政策が目立つ海洋進出

　経済面で積極的な支援策を打ち出す一方、中国が強気な姿勢をとり続けているのが海洋進出の問題である。

　南シナ海に浮かぶ南沙《なんさ》諸島（スプラトリー諸島）の領有権に関しては、領有を主張するベトナム・フィリピン・マレーシア・台湾・ブルネイなどを無視するかたちで進出し、南沙諸島を中国領とする「領海法」を定めた。

　海域に浮かぶミスチーフ岩礁《がんしょう》に、ヘリポートや滑走路設備を備えた施設まで建設して軍事拠点化するなど、世界が警戒感を高めている。

　日本の近海でも、東シナ海で海底油田開発を強行したり、日本の領海である尖《せん》閣《かく》諸島周辺の海域で、中国漁船とともに中国海警局所属の公船が侵犯を繰り返すなど、強引な海洋政策が目立ち、その動向には多くの国が注目している。

中国経済の流れ

1978	鄧小平が改革開放路線をとる
1980	経済特区が設けられる
1982	人民公社の解体がはじまる
1984	GDP成長率が15%を突破
1985	沿岸部主要都市を外資に開放する
1992	社会主義市場経済が改革目標に掲げられる
1997	香港がイギリスから返還される
1998	GDPが1兆ドルを突破する
1999	私営企業が公認される
2001	WTOに加盟する
2005	GDPが2兆ドルを突破し、世界第4位に
2010	日本を抜いて世界第2位の経済大国になる
2014	習近平が「一帯一路」構想を発表
2025	アメリカを抜いて世界一の経済大国に!?

中国の海洋進出

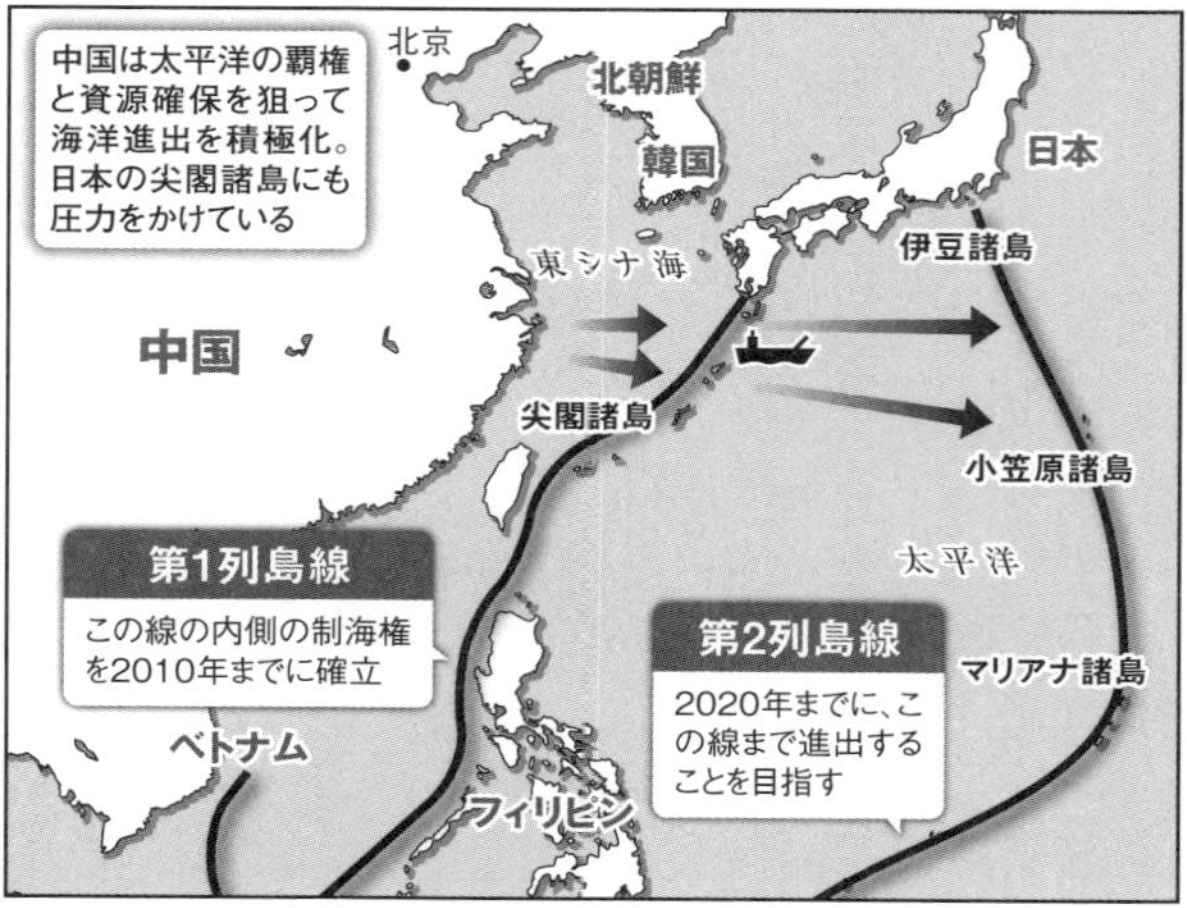

習近平の「一帯一路」構想とは

習近平

ひとくちメモ

中国は南シナ海からマラッカ海峡・インド洋・ペルシャ湾までの海域を、その形をもじって「真珠の首飾り」と称して重視している。中国からの物資や、石油などの輸入に欠かすことができない海上ルートだからだ。

2011年

「アラブの春」到来

チュニジア発の「民主化の波」は、新たな難問を残し引いていった…

独裁政権が多いアラブ諸国で、二〇一一年を機に民主化を求める運動が急速に盛り上がった。

この一連の流れは「アラブの春」と称されている。

きっかけとなったのは、チュニジアの一人の若者の行動だった。彼は露店商をしていたが、官憲から許可証がないことを理由に商品を没収され、抗議のため公の場で焼身自殺を決行したのである。

この衝撃がメディアで伝わると、チュニジア国民は不満を爆発させ、二三年の長期政権を維持していたベン・アリ大統領を国外逃亡へと追い込んだ。これは「ジャスミン革命」といわれている。

チュニジアに続いて反政府運動の波はエジプトに届いた。二九年間独裁体制を敷いていたムバラク大統領は、治安部隊を動員したが止められず辞任した。

〝狂犬〟とおそれられていたリビアの元首カダフィ大佐にも、その波は及ぶ。反政府デモが部族間の争いに発展し、四〇年にわたるカダフィ支配は終焉《しゅうえん》を迎え、彼は処刑されたのである。

「アラブの春」の経過

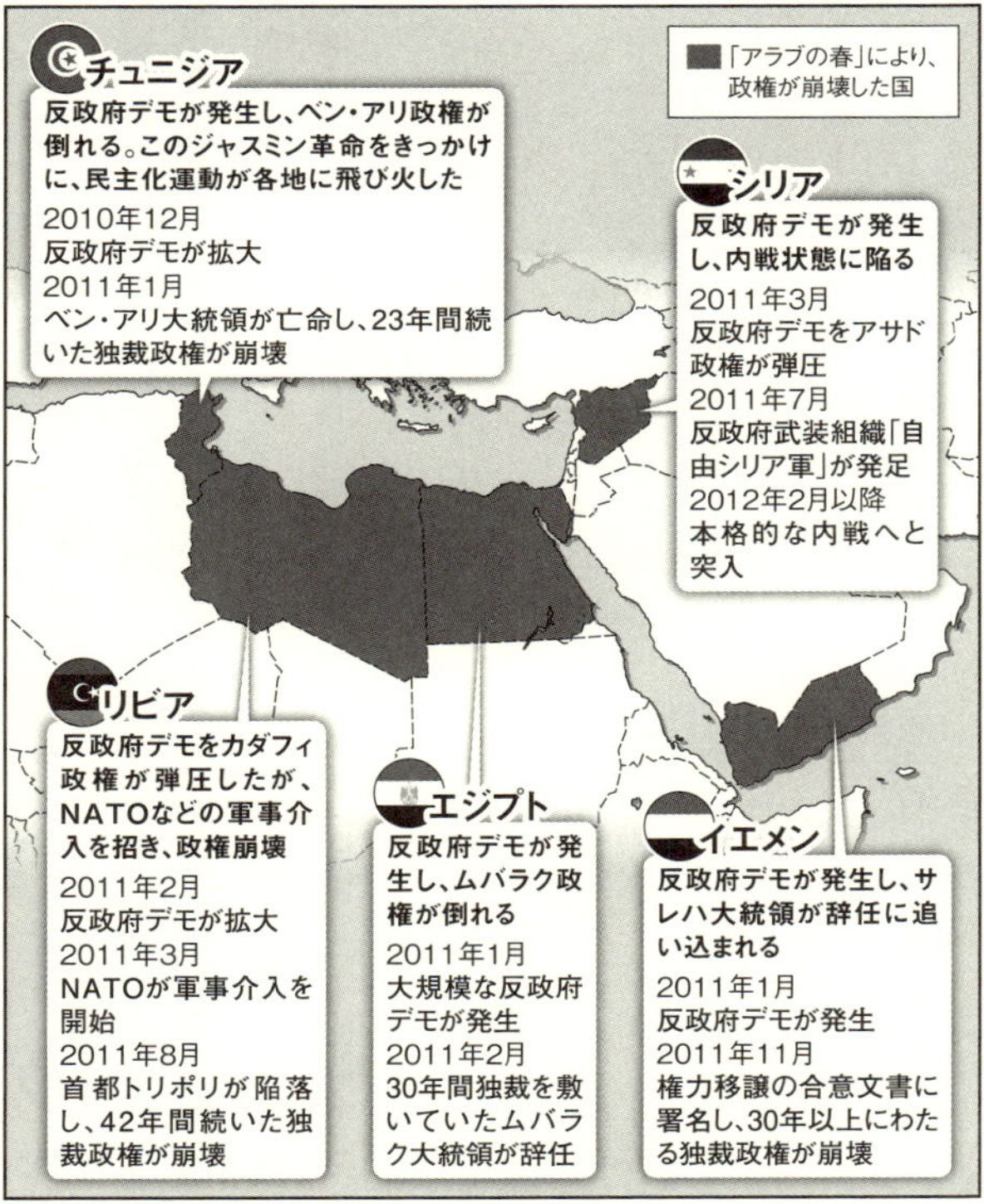
「アラブの春」により、政権が崩壊した国
チュニジア
反政府デモが発生し、ベン・アリ政権が倒れる。このジャスミン革命をきっかけに、民主化運動が各地に飛び火した
2010年12月
反政府デモが拡大
2011年1月
ベン・アリ大統領が亡命し、23年間続いた独裁政権が崩壊
シリア
反政府デモが発生し、内戦状態に陥る
2011年3月
反政府デモをアサド政権が弾圧
2011年7月
反政府武装組織「自由シリア軍」が発足
2012年2月以降
本格的な内戦へと突入
リビア
反政府デモをカダフィ政権が弾圧したが、NATOなどの軍事介入を招き、政権崩壊
2011年2月
反政府デモが拡大
2011年3月
NATOが軍事介入を開始
2011年8月
首都トリポリが陥落し、42年間続いた独裁政権が崩壊
エジプト
反政府デモが発生し、ムバラク政権が倒れる
2011年1月
大規模な反政府デモが発生
2011年2月
30年間独裁を敷いていたムバラク大統領が辞任
イエメン
反政府デモが発生し、サレハ大統領が辞任に追い込まれる
2011年1月
反政府デモが発生
2011年11月
権力移譲の合意文書に署名し、30年以上にわたる独裁政権が崩壊

ひとくちメモ

「アラブの春」では、アラブ諸国に民主化の波が広がるものと自由主義陣営から歓迎された。だが結局、民主化は進まず、各国で新体制移行の混乱が相次ぐ。不満が渦巻くなか、過激派組織「イスラム国（IS）」の台頭を招く。

2014年

「IS」の台頭とテロの拡散

「アラブの春」の混乱に乗じて「最悪の国」が生まれ、憎悪の連鎖が続く

「アラブの春」(↓210ページ)で期待された花は咲かず、アラブ各国の苦難は続く。シリアではアサド政権に反対する勢力が入り乱れ戦闘が続くなか、隣国イラクからスンニ派の過激組織「イスラム国(IS)」が侵攻、勢力を拡大した。

ISが一方的に建国を宣言したのは、イラク第二の都市モスルを制圧した二〇一四年六月のことだった。

最高指導者アブ・バクル・バグダディは自らカリフを名乗り、イスラム原理主義の帝国を築く野望に燃える。

もとアルカイダ系組織からはじまり、他の過激組織を吸収するなどしてシリア北部からイラク中部まで勢力を拡大してきた。イラクの原油を資金源に最盛期は一日二〇〇万ドルもの利益をあげ、営利目的の外国人誘拐も繰り返して、一五年には日本人二名が殺害された。

ISの台頭につれ、インターネットなどでのリクルート活動で外国から参加する若者が増えた。その出身地は中東に限らず、ヨーロッパやアジアにまで及ぶ。

ISの呼びかけに応じ、忠誠を誓うイス

ラム過激派組織も増えていった。

●残虐性を増していくテロ――

ISに忠誠を誓った勢力のなかで、残虐性で悪名高いのがナイジェリアの「ボコ・ハラム」である。「西洋の教育は禁止」という意味の名称で、二〇一四年には何百人もの女子生徒を拉致《らち》して人身売買、強姦を繰り返し、自爆テロを強要した。二〇一五年にはチャドとニジェールの国境近くで二〇〇〇人の虐殺事件を起こした。

IS登場までテロ組織の代表格だったアルカイダは、シリア介入をめぐりISと絶縁した。弱体化したとみられるが、イエメンを拠点とする「アラビア半島のアルカイダ」の活動が注視されている。二〇一五年一月には、フランスの風刺週刊誌を発行する「シャルリー・エブド」襲撃事件を起こした。

ソマリアではアルカイダとの連携を表明する「アルシャバブ」が活動しており、二〇一五年四月にケニアの大学でキリスト教徒の学生約一五〇人を殺害した。

また、パキスタンではアフガニスタンのタリバンから派生した「パキスタン・タリバン運動（TTP）」が、空港や学校の襲撃を繰り返すなどテロ活動を続けている。

そして二〇一五年十一月、さらなる衝撃が世界を襲った。

パリのコンサートホールやレストランなどが次々に襲撃され、市民一三〇人が死亡する同時多発テロの発生である。フランスによるシリア空爆への報復とする声明がISから出された。

翌年三月には、ベルギーの首都ブリュッセルの国際空港、次いで地下鉄の駅でも自爆テロが起き、三三〇人以上が死亡し、ISが犯行声明を出している。

夏に入ってもトルコのイスタンブール空港が襲撃され、バングラデシュのダッカではレストランが急襲され、日本人を含む少なくとも二〇人が殺害された。

●続くテロと迫られる難民対策――

イラクやサウジアラビアでもテロが続いている。ISはテロが起こるたびに賞賛し、犯行声明を出しているが、ローンウルフ（一匹狼）型のテロも増え、実際の関与のほどは明らかではない。

いうまでもなく、イスラム教は危険な宗教ではない。大多数の信徒はISや過激派をイスラム教徒と認めず、非難している。それでも移民が増え、テロが起こるにつれ、とくにヨーロッパでは反イスラムが強まっている。若者の不満と結び付き、右傾化する傾向もみられ、極右勢力の移民排斥は危険水域に達した。

二〇一五年からは、中東やアフリカからEUを目指す難民が一〇〇万人にも達する規模となり、社会を揺るがす大問題となっている。

人道を説く声も現実問題を前にかすんでしまい、難民受け入れ反対派が勢いづいて、各国とも対策が追いつかないまま悲惨な状況が続いているのである。

イスラム過激派組織

中東やアフリカからヨーロッパへの入国を試みるイスラム難民たち（ロイター/アフロ）

ひとくちメモ

パキスタン生まれのマララ・ユスフザイは、女性が教育を受ける権利を唱え続け、「パキスタンのタリバン運動」の標的とされた。15歳のときに銃撃されたが、イギリスで奇跡の回復を果たし、2014年にノーベル平和賞を受賞した。

2016年

吹き荒れる「トランプ旋風」

アメリカと世界の「戦後政治と社会」を根本から覆す男となるのか？

二〇一六年十一月八日、アメリカ大統領選挙において、共和党候補ドナルド・トランプが勝利した。大方の予想を覆す結果に、世界中が衝撃を受けた。

政治経験のない不動産王トランプは、国を根幹から覆す政策を掲げ、非常識な言動で人々を扇動《せんどう》し、支持を広げた。

メキシコに費用を出させて国境に壁を建設する、不法移民を強制送還する、イスラム教徒は入国禁止にするなどと宣言したほか、雇用を守るためにＴＰＰから離脱する、医療保険改革制度「オバマケア」は破棄するとも公約した。

さらに日米関係にも言及。在日米軍の駐留経費をすべて日本に負担させると主張している。

人種・宗教・性別などの差別的発言に加え、性的暴力・詐欺疑惑も続出し、主要メディアが反トランプを掲げる異例の大統領選となったが、それでも勝利。

同年六月の「ＥＵ離脱」を問うイギリスの国民投票の結果とともに、反グローバル化とポピュリズムの台頭を象徴するような出来事となった。

トランプが主張する主な政策

税制
・法人税を35%から15%へ大幅に引き下げ
・医療保険改革制度「オバマケア」を撤廃

金融
・金融規制を緩和する

貿易
・TPP（環太平洋経済連携協定）交渉から離脱

対テロ
・イスラム教徒の入国を禁止にする
・国内のイスラム教徒に対する監視を強める

外交
・メキシコとの国境に巨大な壁を建設し、その費用をメキシコに払わせる
・ロシアのプーチン大統領に好感をもち、関係改善をはかる
・中国を「為替操作国」と認定として非難。高関税を検討
・北朝鮮の金正恩（キム・ジョンウン）委員長との会談を希望。中国にも解決を要請

トランプ新大統領の口から次々と飛び出す型破りの政策に、世界各国が戦々恐々としている（ロイター/アフロ）

ひとくちメモ

日本政府は次期大統領はクリントンと確信し、安倍首相は2016年9月の訪米でクリントンとだけ会談していた。選挙直後、慌てて訪米し、選挙戦で安倍首相を口汚く罵り続けたトランプと、就任前の異例の会談を行なった。

エピローグ

戦後七〇年を経て、世界はどこへ向かうのか

●自由貿易の先に待っていた大問題

現在、世界では、進みすぎたグローバル化の揺り戻しが起きている。二〇一六年六月には、イギリスのEU離脱を問う国民投票で離脱が決まり、同年十一月にはアメリカ大統領選挙でトランプが勝利。いずれも世界中が「まさか」と驚く結果だった。

この潮流の背景にあるのは「格差」の拡大だ。自由貿易の推進により国境を越えたモノ・カネ・ヒトの行き来が盛んになり経済が活性化したが、その反面、地球規模での過酷な競争が起きた。企業は生き残りをかけて効率化を推し進め、人件費の安い国へと雇用が流出、先進国の中流層が職を失い、没落していった。

ごく少数の富裕層がより豊かになるなか、取り残され踏みつけられた弱者が政治への不信感を募らせたのは当然といえるだろう。とくにヨーロッパでは、中東・アフリカからの大量の難民流入や、相次ぐテロ事件が右傾化とポピュリズム（大衆迎合主義）の台頭を招いた。「反自由貿易」により雇用を取り戻し、「反難民」によって自分たち

イギリスは2016年6月に国民投票を実施し、EU離脱を決めた（ロイター/アフロ）

の国と治安を取り戻すといった主張が、大衆の心をつかんだのだ。

二〇一六年十二月には、二年間で一〇万人超の難民を受け入れたオーストリアで大統領選挙が行なわれ、難民排斥を掲げるホーファー候補がEU初の極右の国家元首になるかと危惧された（結果は、受け入れ寛容派のベレン候補が勝利）。

●空中分解すら心配されるEU

ヨーロッパでは二〇一七年にも重要な選挙が続き、EUの行く末が懸念される。いずれもEU残留派・離脱派の対決の構図があり、分裂へ進めば大混乱は必至だ。難民問題やテロ対策など、共同での取り組みも困難になるだろう。

六月に大統領選があるフランスでは極右

シリアでは政府軍と反体制派の激しい内戦がいまも続く（ロイター／アフロ）

政党「国民戦線」が勢いづき、ドイツではメルケル首相の勢力は弱まり、右派政党が地方選挙で躍進しており、九月からの連邦議会選挙が注目される。

また、地球の未来に関わる環境問題については、アメリカのトランプ大統領が温暖化対策を否定する発言をしており、事態をますます複雑にしている。

北朝鮮は核兵器開発を進め、シリアやイラクでは内戦状態が続く。南スーダンでは「民族浄化」が進行中といわれ、日本政府はＰＫＯ（国連平和維持活動）に参加する自衛隊が、新たに「掛けつけ警護」を行なえるようにした。

歴史は繰り返すのか、新たな歴史がつくられるのか、先行きを見通すのは難しい。

【主な参考文献】

『［図説］世界の歴史9　第二次世界大戦と戦後の世界』J．M．ロバーツ著・五百旗頭真監修、『［図説］世界の歴史10　新たなる世界秩序を求めて』J．M．ロバーツ著・立花隆監修（創元社）／『20世紀現代史〈新装版〉』須藤眞志編著（一藝社）／『もういちど読む　山川世界現代史』木谷勤著、『詳説　世界史図録』（山川出版社）／『冷戦時代世界史』奥保喜著（つげ書房新社）／『「なぜ？」がわかる　激動の世界現代史　上』『「なぜ？」がわかる　激動の世界現代史　下』水村光男著（講談社）／『図説　ドイツの歴史』石田勇治著、『図説　スペインの歴史』川成洋ほか著、『ロシア』ジョン・チャノンほか著、『世界地図から歴史を読む方法』武光誠著（河出書房新社）／『戦争・革命で読む世界史』三浦一郎ほか著（自由国民社）／『そうだったのか！　現代史』『そうだったのか！　現代史2』池上彰著（集英社）／『東アジア動乱　地政学が明かす日本の役割』武貞秀士著、『歴史が面白くなる　東大のディープな世界史2』祝田秀全著（KADOKAWA）／『教科書やニュースではわからない　最もリアルなアメリカ入門』原田武夫著（かんき出版）／『読むだけですっきりわかる現代史　国連成立から冷戦の終わりまで』後藤武士著（宝島社）／『学校では教えない「社会人のための現代史」池上彰教授の東工大講義』池上彰著（文藝春秋）／『アフリカ大陸歴史地図』サムエル・カスール著（東洋書林）／『一気にわかる現代中国』薄田雅人著（池田書店）／『これならわかるアメリカの歴史Q&A』石出法太・石出みどり著（大月書店）／『「民族紛争」の明日を読む』世界情勢研究会著（KKベストセラーズ）／『目からウロコの逆さま世界史』『目からウロコの民族・宗教紛争』『目からウロコの東洋史』島崎晋著（PHP研究所）／『早わかり〈世界〉近現代史』宮崎正勝著（日本実業出版社）／『手にとるように現代史がわかる本』青木一能著（かんき出版）／『最新図説　政経』（浜島書店）／『世界を変えた10の戦争』（洋泉社）／『歴史風景館　世界史のミュージアム』『新世紀図説　世界史のパサージュ』（とうほう）／『すぐわかる中国の歴史　改訂版』宇都木章監修・小田切英執筆（東京美術）／『中国超入門』ニューズウィーク日本版編集部編（阪急コミュニケーションズ）／その他、ウェブサイト多数

本書は、本文庫のために書き下ろされたものです。

「歴史ミステリー」倶楽部（れきしみすてりーくらぶ）

世界史・日本史について、学会で確定している「事実」だけにとらわれず、伝承・伝説など幅広いフィールドから情報を集め、見解をまとめて発表している企画制作グループ。歴史上のミステリアスな事象や、その因果関係を追究することに関して定評がある。

著書に、『地図で読む 世界史の謎50』『地図で読む 戦国時代』『地図で読む 幕末・維新』『地図で読む 日本の近現代史』『書き替えられた日本史』『図解！ 江戸時代』『「名画」で読む！ 世界史』『図解！ 戦国時代』（以上、三笠書房《知的生きかた文庫》）など多数ある。

知的生きかた文庫

図《ず》解《かい》！「戦後《せんご》」世《せ》界史《かいし》

著者　「歴史《れきし》ミステリー」倶楽部《くらぶ》

発行者　押鐘太陽

発行所　株式会社三笠書房

〒一〇二―〇〇七二　東京都千代田区飯田橋三―三―一

電話〇三―五二二六―五七三四〈営業部〉

〇三―五二二六―五七三一〈編集部〉

http://www.mikasashobo.co.jp

印刷　誠宏印刷

製本　若林製本工場

ISBN978-4-8379-8455-9 C0130

「名画」で読む！ 世界史

「歴史ミステリー」倶楽部

カエサル・ナポレオン・十字軍・南北戦争…歴史人物や出来事を描いた「名画」を見ながら、絵画を通して浮かび上がってくる謎や逸話を解説。カラー満載！

地図で読む日本の近現代史

「歴史ミステリー」倶楽部

なぜ日本は領土問題を多く抱えているのか？ なぜ日本国憲法は戦争を放棄したのか？――日本の近現代史を知れば、ニュースがより深く理解できる！

日本は外国人にどう見られていたか

「ニッポン再発見」倶楽部

幕末・明治期に日本にやって来た外国人たちは、何を見、何に驚き、何を考えたのか？ 彼らが残した膨大な文献のなかから、興味深い記述を厳選紹介！

「あの国」はなぜ、日本が好きなのか

「ニッポン再発見」倶楽部

「親日国」といわれる世界の六〇ヵ国が日本を好きになった理由を、豊富な写真とともに紹介。日本人も知らない歴史秘話や感動のエピソード満載！

時代を動かした 世界の「名家・大富豪」

「大人のための歴史」研究会

教科書で有名な歴史的名家、ニュースで見聞きする大富豪一族――。その波乱のドラマと知られざるエピソードを豊富な図版と写真とともに紹介！

C50308